EXPLORATION
DES
MINES DE CUIVRE
DE CAMPERUCHO

ÉTAT DE MAGDALENA — COLOMBIE

RAPPORT TECHNIQUE
Par M. FLORY, Ingénieur civil des Mines

RAPPORT ADMINISTRATIF
Par M. O. VENGOECHEA

PARIS
IMPRIMERIE CHAIX
IMPRIMERIE ET LIBRAIRIE CENTRALES DES CHEMINS DE FER
SOCIÉTÉ ANONYME
Rue Bergère, 20, près du boulevard Montmartre
1883

Exemplaire n°

EXPLORATION

DES

MINES DE CUIVRE

DE CAMPERUCHO

ÉTAT DE MAGDALENA — COLOMBIE

RAPPORT TECHNIQUE

Par M. FLORY, Ingénieur civil des Mines

RAPPORT ADMINISTRATIF

Par M. O. VENGOECHEA

PARIS
IMPRIMERIE CHAIX
IMPRIMERIE ET LIBRAIRIE CENTRALES DES CHEMINS DE FER
SOCIÉTÉ ANONYME
Rue Bergère, 20, près du boulevard Montmartre
1883

EXPLORATION

DES

MINES DE CUIVRE

DE CAMPERUCHO

PREMIÈRE PARTIE

RAPPORT TECHNIQUE

But de la Mission. — Chargé par la Société civile d'étude des Mines de cuivre de Camperucho d'accompagner M. O. Vengoechea en Colombie, j'avais pour mission d'étudier la valeur des concessions de Camperucho, au point de vue des richesses minérales qu'elles contiennent et du parti qu'on en peut tirer.

M. O. Vengoechea s'est réservé l'examen des titres de propriété, des questions administratives se rattachant à cette affaire, et des moyens de transport des produits des mines.

Je ne toucherai donc pas à l'étude administrative de l'affaire et ne parlerai des transports que lorsque la chose sera nécessaire pour l'intelligence du sujet, et, dans ce cas, je citerai les chiffres que je dois à l'obligeance de mon éminent compagnon de voyage, spécialement compétent en pareilles matières.

Enfin, j'ai cru devoir clore ce Rapport avant l'arrivée des quelque quinze tonnes de minerai expédiées de Camperucho en Europe, n'attachant aucune valeur aux résultats que pourra fournir leur traitement.

Le choix de ces minerais a du être été malheureusement confié à des gens absolument dépourvus des connaissances spéciales les plus élémentaires, qui ont fait partir des matières à peine séparées des gangues stériles et contenant seulement de 12 à 15 0/0 de minerai de bonne qualité.

Les analyses de mes échantillons personnels ont été exécutées par MM. P. Morin et fils aîné, chimistes-essayeurs, 108, rue Saint-Martin, à Paris, désignés par M. Rafäel Garcia.

CHAPITRE I

ÉTAT ACTUEL DE L'AFFAIRE

Situation. — La région dans laquelle se trouvent les gisements dont l'étude va suivre, est située au centre de l'État de Magdalena, l'un des neuf qui composent l'Union colombienne. Elle s'étend, par 76° de longitude Ouest du méridien de Paris, et 10° de latitude Nord, dans la vallée du rio César, affluent du grand fleuve Magdalena, sur une longueur d'environ 150 kilomètres depuis le rio Garupal, dont les eaux vont grossir le César au Sud-Ouest jusqu'au rio Rancheria, limite du territoire indien de Goajira, au Nord-Est. Sa largeur varie de 30 à 40 kilomètres entre les contreforts de la Sierra Nevada de Santa Marta, au Nord-Ouest, et les dernières pentes du bras oriental des Andes qui viennent finir dans la presqu'île de Goajira, après avoir formé la frontière des États-Unis de Colombie et du Venezuela au Sud-Est, en prenant les noms successifs de Sierra de Perija, des Motilones et de Sierra Negra.

Le territoire minier spécialement étudié s'étend sur un triangle d'environ 70 kilomètres de hauteur depuis le rio Garupal jusqu'au rio Guatapuri, et ayant pour sommets, au sud-ouest la Sierra de Mata de Pilon, voisine de l'Alto de las Minas, au nord le Cerro de Paralejar, près de l'arroyo de Capitanejo, affluent du Guatapuri, et au Sud-Est le village de Jobo.

En remontant le cours du César on trouve, sur la rive droite, le hameau de Camperucho, situé à proximité des gîtes les plus anciennement signalés à cause de leur voisinage de l'ancien chemin royal de Santa Marta au Valle Dupar, les haciendas ou fermes du Diluvio et de Maria Angola, la ville de Valencia de Jésus, dont la population est réduite à 3 ou 400 habitants, et à 25 kilomètres au nord-est, le Valle Dupar, chef-lieu du département de même nom, ancienne ville aujourd'hui déchue de son antique prospérité et ne comptant plus que 3,000 âmes.

Sur la rive gauche et au sud du Valle Dupar, les points les plus importants sont la Paz, le Tupes et Diégopata, réunissant ensemble un millier d'habitants.

Topographie. — La vallée du César, profondément encaissée entre la Sierra Nevada de Santa Marta dont le point culminant atteint 5,800 mètres et la Sierra de Perija dont les sommets se maintiennent à 1,800 mètres, forme une plaine étroite dirigée Sud-Ouest Nord-Est, se détachant de la vallée du Magdalena au pied de l'Alto de las Minas, pour aller se confondre, à 175 kilomètres de là, vers San Juan de César, avec la vallée du rio Rancheria, sans que nulle part la ligne de partage des eaux s'élève à plus de quelques mètres de hauteur.

La Nevada est constituée comme la Sierra de Perija, par des massifs rocheux formant des vallées parallèles superposées les unes aux autres.

Les flancs de ces montagnes sont assez escarpés pour que bien souvent la végétation n'y puisse trouver qu'à grand peine l'épaisseur de terre dont elle a besoin et s'élèvent au-dessus de la plaine comme les falaises au-dessus des eaux de la mer.

De temps à autre, quelques protubérances isolées font encore mieux ressortir l'horizontalité de la vallée.

Cours d'eau. — Des flancs de la Nevada, couverte de neiges éternelles, coulent du Nord au Sud un grand nombre de ruisseaux et de rivières dont les eaux, sauf quelques exceptions, viennent se perdre sous l'épaisse couche d'alluvions qui a nivelé la plaine et n'arrivent directement au César que pendant la saison des pluies. Ceux de ces affluents qui ne tarissent jamais sont, de l'ouest à l'est, l'Ariguani, rivière dont le cours d'environ 200 kilomètres est constamment navigable dans sa partie inférieure, les rios Garupal, du Diluvio, de Aguas Blancas et de Sambapolo et le rio Guatapuri, torrent impétueux, difficile à traverser pendant la saison des pluies.

Du Valle Dupar au Banco, situé au confluent du César avec le Magdalena, la différence de niveau est d'à peine 100 mètres pour une distance d'environ 200 kilomètres. Aussi le César a-t-il une tendance prononcée à s'étaler sur ses rives, en y formant des lagunes, des étangs ou seulement des marécages, suivant le relief du sol.

Aspect. — La population étant fort clairsemée (80,000 habitants pour tout l'État de Magdalena) et uniquement adonnée à l'élève du bétail, il n'a été fait nulle part de tentative sérieuse de défrichement, et toute la vallée du César est couverte de bois entre-coupés de savanes, sortes de prairies naturelles émaillées de bouquets d'arbres.

Climat. — Dans cette partie de la Colombie il n'y a que deux saisons, l'hiver et l'été : celui-ci commence en Décembre et finit en Mai. A cette époque quelques orages, d'abord espacés, ensuite plus fréquents, éclatent à la tombée de la nuit. Leur durée et leur violence augmentent peu à peu, mais c'est seulement en Septembre et Octobre que l'on arrive aux périodes de pluie durant plusieurs jours sans interruption.

Sur les bords du fleuve et sous bois, les fièvres paludéennes sont assez fréquentes ; mais la région des savanes voisines du pied des montagnes est exempte de ces inconvénients, tant à cause de la perméabilité du sol que de l'orientation de la vallée balayée soir et matin, par les vents alizés. La température varie de 28 à 35° centigrades de minuit à midi, mais l'air est sec et c'est seulement à la fin de la saison des pluies, lorsque les matières végétales sont en pleine décomposition que les fièvres commencent, pour disparaître avec l'humidité du sol. Les eaux potables, bien que toujours troubles, sont de bonne qualité. La viande et le laitage qui forment la base de l'alimentation constituent une nourriture saine et réconfortante et, en observant les notions les plus élémentaires de l'hygiène domestique, totalement inconnues des habitants, le séjour de cette contrée sera inoffensif pour des ouvriers européens occupés aux travaux les plus pénibles.

Quant aux épidémies de fièvre jaune qui ne font de victimes que parmi les étrangers, elles paraissent localisées sur le littoral.

Moyens d'accès. — On peut aller d'Europe à Santa-Marta, capitale de l'état de Magdalena, directement par une ligne de steamers anglais partant de Liverpool. D'habitude c'est par Savanilla et Barranquilla que l'on pénètre en Colombie.

Savanilla est desservie deux fois par mois par les paquebots de la Compagnie Transatlantique venant en vingt jours de Saint-Nazaire et de Bordeaux. Plusieurs autres lignes de vapeurs anglais, espagnols, allemands et américains y font aussi escale. On correspond de France avec la Colombie, à intervalles fixes de dix jours, trois fois par mois; les courriers pour l'Europe sont plus fréquents mais moins réguliers. Les correspondances télégraphiques vont à Colon et de là à destination par le service postal. Bogota communique avec Bonaventure et les câbles du Pacifique.

On va de Santa-Marta à Camperucho et au Valle Dupar en suivant l'ancienne route royale qui, descendant au Sud, contourne le versant Ouest de la Sierra Nevada et franchit ensuite l'un de ses contreforts, l'Alto de las Minas, pour remonter vers le Nord-Est, en longeant de nouveau le pied de la Nevada. La distance à parcourir pour atteindre Camperucho est d'environ 200 kilomètres.

La route muletière est d'abord tracée sur un sol parfaitement horizontal et longe la mer jusqu'à la Cienaga, ville de 5,000 âmes. Elle pénètre ensuite sous bois, passe au village de Rio Frio et traverse les rivières de Rio Frio, Sevilla, Tucurinca, Aracataca et Fundacion. Ces cours d'eau, sauf l'Aracataca, que l'on passe en toute saison en canot auprès du village de Cataca, sont guéables en été.

A partir de la Fundacion, située à 65 kilomètres au sud de Santa-Marta, le chemin disparaît presque totalement au milieu des obstacles d'un terrain bouleversé, couvert de mamelons aux flancs roides et dénudés où naissent lors des pluies, des torrents impétueux qui amoncellent au fond des gorges des blocs de roche et des arbres déracinés.

Le chemin serpente au milieu de ce chaos et doit changer de place à chaque nouveau ravin qui se forme ou à chaque nouvel arbre qui s'abat sur l'ancien tracé, sans que jamais le souci de la plus courte distance ou du profil le plus doux ait préoccupé les rares voyageurs qui sont les seuls à l'entretenir.

De la Fundacion à Camperucho il y a encore trois jours de marche et 135 kilomètres.

On couche le premier jour qui est le troisième du voyage, au rancho de l'Ariguani, au bord de l'importante rivière de ce nom ; le quatrième jour à las Pavas où pendant la saison sèche on ne peut se procurer un peu d'eau saumâtre qu'en creusant des trous dans le lit desséché d'un ravin. Le matin du cinquième jour on franchit le col de l'Alto de las Minas à 275 mètres d'altitude et on redescend brusquement ensuite dans la vallée du Garupal, rivière que l'on traverse à la cote de 150 mètres environ au pied de la Sierra Nevada. Il y a environ 25 kilomètres de l'Alto de las Minas à Camperucho. Le Valle Dupar est à un jour de marche plus loin. Le voyage ne peut être accompli en aussi peu de temps que par des bêtes de selle sans aucune charge.

On peut aller de Santa-Marta à Cataca par eau en pénétrant dans la Cienaga-Grande par la bouche de Pueblo Viejo qui la fait communiquer avec la mer, et remontant ensuite le rio Aracataca jusqu'à la rencontre de la route de terre. La durée du voyage n'est pas abrégée. En venant de Barranquilla, il faut de 36 à 48 heures pour atteindre la Cienaga selon que le voyage se fait en canot marchant à la voile et à la perche ou en bateau à vapeur. Dans les deux cas on pénètre dans le lac appelé Cienaga-Grande en suivant les canaux naturels ou caños par lesquels il reçoit les eaux du Magdalena.

Le voyage peut se faire en remontant le Magdalena sur l'un des beaux steamboats qui font le service du fleuve jusqu'à Plato ou au Banco où l'on arrive en deux ou trois jours.

De Plato à Camperucho il reste à parcourir 120 kilomètres, soit trois journées et demi de cheval, dont deux dans des marécages absolument inabordables pendant la saison des pluies.

Par le Banco, on remonte en canot le cours du César et les lagunes qu'il forme pour arriver le troisième jour sur l'Ariguani à Marquezano, port de l'hacienda de las Cabezas, où l'on trouve chez le docteur don Oscar de Trespalacios l'hospitalité la plus cordiale. De las Cabezas à Camperucho, il ne reste plus à franchir qu'une distance de 45 kilomètres ce qui exige moins d'une journée de cheval; la route traverse les vastes plaines de Leandro Totuma et Venados.

Bien que la voie par Barranquilla, le Banco, Marquezano et Venados soit la plus longue pour aller aux mines, c'est la plus rapide pour en revenir; c'est aussi la plus sûre, la moins fatigante et la seule par laquelle on puisse actuellement faire arriver des bagages et des approvisionnements de quelque importance.

Le service postal laisse beaucoup à désirer dans l'intérieur de l'État; il est confié à un piéton dit « courrier d'État » allant en dix jours et deux fois par mois du Valle à Santa Marta et *vice versa*.

Par la voie de terre on peut envoyer des exprès allant à Barranquilla en cinq jours dans la belle saison.

Le Gouvernement Colombien a concédé à une compagnie locale une ligne ferrée destinée à attirer à Santa Marta, port excellent, accessible en tous temps aux navires de fort tonnage, une partie du commerce de l'intérieur qui se fait actuellement par Savanilla et Barranquilla. Cette ligne aboutira au Magdalena aux environs de la lagune de Sapayan. Les travaux sont commencés aux environs de Santa Marta.

Pour tirer le meilleur parti de cette voie nouvelle, il semble nécessaire d'en reporter l'objectif plus au Sud vers Marquezano. Elle passerait alors à une trentaine de kilomètres de Camperucho ; mais il n'est pas encore permis de prévoir l'époque à laquelle ces projets seront devenus des réalités.

En Colombie, tous les voyages par terre se font à cheval ; on doit transporter avec soi tout ce qui est indispensable pour pouvoir suppléer à ce qu'a d'un peu rustique et primitif l'hospitalité qui se pratique partout et s'offre avec la même facilité qu'elle est acceptée.

La population de l'État de Magdalena professe à l'égard des étrangers une grande courtoisie et un grand respect, et le voyageur qui sait rester en dehors des querelles politiques peut parcourir le pays en toute direction, à pied ou à cheval, de jour ou de nuit, sans éprouver la moindre contrariété de la part des hommes, et cela, quoique l'action gouvernementale soit absolument nulle dans les régions éloignées des villes.

Géologie générale. — L'État de Magdalena est formé de vastes plaines dont l'uniformité n'est troublée que par les soulèvements granitiques qui ont donné naissance à la Sierra de Perija au Sud-Est, et à l'îlot montagneux connu sous le nom de Sierra-Nevada de Santa Marta au Nord. La Nevada couverte de neiges et de glaces éternelles présente l'aspect d'une croupe longue de 150 kilomètres, dirigée Est-Ouest et atteint l'altitude *maxima* de 5,800 mètres. Elle est baignée par la mer des Caraïbes au Nord, et reste absolument isolée des Andes au Sud.

La vallée du César qui réunit les dunes de la presqu'île de Goajira aux régions plates dans lesquelles se déroule le cours inférieur du Magdalena est en grande partie recouverte d'alluvions ; cependant on voit affleurer de temps à autre dans la zone où le relief des montagnes commence à s'accentuer, les assises des divers terrains qui constituent le sol. Ce ne sont le plus souvent que des lambeaux isolés, derniers vestiges de formations disparues au moment des phénomènes d'érosion dont cette contrée a été le théâtre. C'est à un soulèvement lent qu'il faut attribuer l'anomalie que présente le cours du César dont les eaux vont sans cesse en s'éloignant de la mer et qui n'est peut-être bien qu'un ancien bras du Magdalena, devenu le collecteur des petits tributaires que le grand fleuve recevait autrefois directement.

La formation la plus ancienne est celle des terrains dévoniens caractérisés par les affleurements du *vieux grès rouge* qui se montrent notamment sur le versant Sud de l'Alto de las Minas dans les environs de Camperucho et affleurent encore fréquemment sur les flancs des Sierras Nevada et de Perija. Au-dessus de cette base à peu près générale dans le pays, on trouve au milieu des alluvions de la Madeleine, vers le Plato, et plus particulièrement au nord du Valle Dupar, depuis cette localité jusqu'à la mer, entre Camarones et Riohacha, des pointements du *terrain houiller* contenant plusieurs gisements de charbon.

Les plus importants sont ceux du Cēréjon à 80 kilomètres au Nord du Valle Dupar signalés par M. John May, ceux de Fonseca et de Barrancas à 15 kilomètres au Nord de San Juan de César, découverts par M. Mano, enfin ceux des rios Sevilla et Aracataca au Sud de Santa Marta sur les bords de la Cienaga Grande, récemment concédés à M. F. A. Simons.

La formation houillière manque aux environs de l'Alto de las Minas où le vieux grès rouge est à nu.

Au-dessus du terrain houiller et s'appuyant immédiatement sur lui on voit quelques vestiges du terrain permien avec des *grès bigarrés*, des *marnes* et des *calcaires gris* à grain fin. Çà et là émergent de grands ilôts d'*argilolithes*.

L'absence de fossiles rend fort incertaine la classification de ces terrains que M. Mano a cru pouvoir ranger dans la période des séries jurassique et crétacée.

Au pied du Cerro del Banco le *calcaire coquillier* du trias affleure nettement. Auprès du Diluvio, à Revesado, sur les bords du Guatapuri, non loin de la mine du Chantre, et plus au Nord, à Barrancas et Fonseca, les formations décrites ci-dessus sont traversées et parfois métamorphosées par un *granit porphyroïde* à grains fins qui joue un rôle important dans la constitution du massif de la Nevada. Le *porphyre quartzeux* forme dans ces régions des dykes importants.

Richesses minérales de l'État. — Outre les gisements de charbon dont il vient d'être parlé, on a signalé dans l'État de Magdalena, du mercure à Bonda près Santa Marta, de l'or dans plusieurs des rivières qui descendent de la Sierra Nevada, notamment dans le lit des rios Sevilla et Tucurinca, du fer dans la partie supérieure du rio Rancheria enfin et surtout du *cuivre* à l'état d'*oxyde*, de *carbonate* et de *cuivre sulfuré gris*.

Laissant de côté quelques affleurements cuivreux qui ont été signalés dans le voisinage de Santa Marta et sur les bords du rio Sevilla, on peut dire que toute la région comprise entre l'Alto de las Minas et la partie basse du rio Rancheria ne forme qu'un seul bassin cuprifère, mesurant 150 kilomètres du Sud-Ouest au Nord-Est et s'étendant sur toute la largeur de la vallée du César depuis les premiers contreforts de la Nevada au Nord jusque sur ceux de la Sierra de Perija au Sud, soit en moyenne sur 40 kilomètres.

Caractères généraux des gisements cuivreux. — Les affleurements caractérisés par leur pauvreté et quelquefois même par l'absence absolue de minerai, se montrent en général à flanc de coteau ou au pied d'un soulèvement plus ou moins important dont ils suivent la direction. Parfois très nets et reconnaissables à une sorte d'arête quartzeuse qui émerge de 15 à 20 centimètres au-dessus du sol, il faut ailleurs les deviner au milieu des vénules blanches qui imprègnent les fendillements de la roche encaissante sur une grande étendue. Toujours ils se rapportent à l'une des deux directions qui caractérisent le soulèvement de la Nevada 65° et 95° Est. Enfin ils paraissent liés à l'éruption des porphyres quartzeux origine des dykes dont il a été parlé ci-dessus et dont la direction connue est 95° Est. Les affleurements étudiés paraissent, soit dans les marnes rouges feuilletées et dirigées Est-Ouest avec pendage de 8 à 10 degrés au Sud, soit dans les argilolithes également feuilletés qui recouvrent en partie ces marnes.

Enfin les deux directions signalées se rencontrent ensemble et se croisent sur certains affleurements.

Classification des gîtes. — Il y a lieu de diviser ces gîtes en plusieurs groupes pour en faciliter la description. Le mieux connu est celui de Camperucho comprenant les anciennes concessions d'Alejandro, de San Antonio, du Corral de Ruiz, de Casualidad, de Comino et de Mata-de-Pilon.

Ensuite viendront l'affleurement de Revesado, situé à 32 kilomètres au Nord-Nord-Est de Camperucho, la mine du Chantre à 15 kilomètres au nord du Valle Dupar et l'important affleurement de Diegopata à 8 kilomètres au Sud-Est du village de ce nom, 10 kilomètres à l'Est du César, et 45 kilomètres au Nord-Est de Camperucho.

I. — Filons de Camperucho.

Les affleurements de Camperucho forment eux-mêmes deux groupes, celui de Camperucho et celui du Diluvio séparés par un intervalle de 3,500 mètres, sur lequel il n'a pas encore été trouvé d'indice dénonçant la présence du gisement.

Description de l'affleurement.

1° Camperucho. *a.* Elvira. — Aux environs de Camperucho le sol assez tourmenté est formé de collines de 130 à 150 mètres d'altitude s'échelonnant les unes au-dessus des autres et venant s'appuyer au Cerro de Camperucho, piton de 150 mètres de hauteur qui, à l'Est, se dresse à pic au-dessus de la savane de Camperucho. L'ensemble de ces collines forme une chaîne courant Est-Ouest, parallèlement à l'un des contreforts de la Nevada appelé Sierra de Mata-de-Pilon qui se dresse à 3 kilomètres au Nord.

L'écoulement des eaux à l'époque des pluies se fait par une foule de petites ravines se réunissant en ruisseaux affluents de l'arroyo de Camperucho qui se dirige vers le Garupal. Le sol couvert d'herbes et de bouquets de bois, montre sur toutes les parties un peu escarpées des bancs de grès marneux de couleur rouge uniformément dirigés Est-Ouest et plongeant de 10° vers le Sud.

Le principal affleurement cuprifère paraît à 1,000 mètres au Sud du Cerro de Camperucho entre deux ravins distants de 350 mètres et coulant au Sud; sa trace est dirigée 65° Est et se montre à cheval sur un renflement du sol d'une dizaine de mètres plus élevé que le niveau moyen de la plaine. Il mesure 300 mètres suivant sa direction et est traversé à l'Ouest, à 20 mètres de son point d'origine, par une veine de 120 mètres de longueur dirigée 95° Est et mesurant de 15 à 20 centimètres d'épaisseur.

L'affleurement d'abord fort net se brouille à mesure que l'on s'élève; il reçoit au Nord, vers son point culminant une branche inclinée de 7 à 8° plus à l'Est, et sa puissance de $0^m,50$ au début est alors de 2 mètres à $2^m,50$; en redescendant vers l'Est il disparaît presque complètement dans une crevasse demi-circulaire dont les parois présentent des traces d'érosion récentes, et reparaît à la traversée du ravin de l'Est sous forme de dyke ou de crête saillante à section lenticulaire mesurant de $0^m,90$ à $1^m,50$ de puissance.

On trouve encore quelques traces de minerai sur les parois de la crevasse qui interrompt l'affleurement et pourrait fort bien provenir d'une ancienne excavation pratiquée autrefois sur un épanchement superficiel de la masse minérale ayant existé à cet endroit.

Travaux faits.

Cet affleurement resté vierge à l'époque des travaux de la première Compagnie de Camperucho et connu autrefois sous le nom de Comino a reçu celui d'Elvira. Il a été reconnu par des tranchées à travers

3

bancs creusées de dix en dix mètres et poussées de $0^m,25$ à 1 mètre de profondeur.

Nature du minerai.

Il a été démontré que le filon plonge verticalement, que sa minéralisation fort irrégulière consiste en cuivre sulfuré plus ou moins altéré, et cuivre silicaté et carbonaté, enfin que la gangue est argilo-quartzeuse. La cassure est peu nette et par suite la puissance très irrégulière, sauf dans la partie de l'Est; les limites entre lesquelles se maintient l'épaisseur sont $0^m,80$ et $2^m,50$. — Le croiseur est plus net, son remplissage est le même mais semble plus homogène.

Un échantillon industriel, prélevé sur les produits des différents essais pratiqués sur le filon principal et représentant la composition moyenne du remplissage brut débarrassé seulement des morceaux absolument stériles, a donné : 13,8 0/0 de cuivre et 172 grammes d'argent à la tonne de minerai, soit $1^k,246$ à la tonne de cuivre métallique; il n'y a ni arsenic, ni antimoine ni autres substances nuisibles.

Le minerai est surtout riche vers le point de jonction avec la branche Nord, dans cet endroit on trouve des échantillons rendant jusqu'à 28 0/0 de cuivre. Les travaux ne sont pas descendus assez profondément pour qu'il soit, dès à présent possible de fixer la richesse moyenne d'Elvira pas plus que la minéralisation par mètre carré.

Conclusions. — On peut seulement signaler : l'existence d'un système présentant un affleurement principal de 300 mètres, coupé par un croiseur visible sur 120.

La puissance du filon est comprise entre $0^m,80$ et $2^m,50$; il existe une zone riche en son milieu.

Le minerai très pur donne à l'affleurement :

13 0/0 de cuivre et 1,200 grammes d'argent à la tonne de cuivre métallique.

Le gisement est en pays plat et ne pourra être exploité que par puits et galeries intérieures. Le terrain encaissant est solide, mais très perméable à l'eau.

b. Mata-de-Pilon. — De l'autre côté des hauteurs de Comino, à 1,800 mètres dans le Nord-Est d'Elvira, et au milieu de la savane de Mata-de-Pilon, on rencontre trois pointements de roches quartzeuses imprégnées de cuivre carbonaté vert, alignés 65° Est, et distants l'un de l'autre de 400 et de 50 mètres. Dans cette savane l'épaisseur d'alluvions est considérable, les pointements n'ont pas grande importance, et aucun travail de découverte n'y a été fait ; il est cependant intéressant de les signaler surtout à cause de la direction qu'ils déterminent, et qui, prolongée vers l'Est, vient croiser à 600 mètres au Nord d'une ligne Est-Ouest passant par le Cerro de Camperucho un filon de quartz de $0^m,30$ à $0^m,40$ de puissance émergeant du milieu de la plaine, et présentant sur plus de 300 mètres de long une crête saillante dirigée 95° Est et formée de deux lits de cristaux déposés sur les épontes et symétriquement enchevêtrés les uns dans les autres. Description.

2° Diluvio. — En se dirigeant d'Elvira vers le Diluvio, on laisse derrière soi une plaine de 3,000 mètres qui est la savane de Camperucho. Son uniformité n'est troublée que par quelques mamelons arrondis de 30 à 40 mètres de hauteur et par l'arroyo de Camperucho, cours d'eau d'une certaine importance en hiver, bien qu'absolument sec en été. Le terrain marneux et rougeâtre s'incline ensuite un peu vers l'Est, et on entre dans le bassin du rio Diluvio dont le chemin côtoie un des affluents, l'arroyo de Laja qui suit au Nord la chaîne de Gallinazo dirigée 65° Est, et longue de 2,500 mètres.

Ces hauteurs sont formées de pitons successifs atteignant une altitude moyenne de 100 mètres au-dessus du niveau de la plaine du Diluvio large de 2 kilomètres qui les sépare au Nord du pied de la Nevada ; au Sud, elles dominent les savanes du rio Guaimaral, qui coule à 12 kilomètres de l'hacienda del Diluvio et rejoint le César à 20 kilomètres de la mine, après avoir reçu les eaux du rio Garupal.

C'est entre les bords de la Laja, dont le lit est formé de quartzites violets à grain très fin et le pied de la Sierra de Gallinazo, au a. Corral de Ruiz.

milieu des argilolithes fendillés qui constituent le massif et couvrent la roche violette que se montrent de nouveau les affleurements cuivreux. En cheminant de l'Ouest à l'Est, on rencontre d'abord le gisement du Corral de Ruiz dont la présence se manifeste par quelques têtes quartzeuses tachées de carbonate vert, et par un certain nombre de filets de quartz blanc sillonnant la roche encaissante partout où elle se montre. Ces indices vont se perdre dans le ravin du Corral de Ruiz après avoir été continus sur 107 mètres de longueur, suivant une ligne dirigée 65° Est. Quelques pointements de même nature forment au Nord à 30 et 40 mètres de distance et au Sud à 27 mètres, des lignes d'affleurements parallèles, mais beaucoup moins importants. Il est intéressant de signaler tout de suite la similitude qui existe entre les indices du Corral de Ruiz et ceux d'Elvira, ces derniers se trouvant exactement sur le prolongement de la direction des premiers, mais à 3,600 mètres plus à l'Ouest.

b. Vengoechea.

Cette direction principale est encore jalonnée entre les ravins du Corral de Ruiz et de Vengoechea, distants de 900 mètres, par quelques traînées de quartz blanc répandues sur le sol. A 100 mètres avant l'arroyo de Vengoechea, la roche se relève de quelques mètres et paraît à nu en différents points ; elle abandonne la teinte verdâtre qu'elle avait au Corral de Ruiz et devient violette et dure ; une première imprégnation quartzeuse avec mouches de carbonate vert se montre sur le prolongement de la direction du filon du Corral de Ruiz, entre les feuillets de la roche et six autres points semblables, dont quatre, avec mouches de minerai, sont répartis depuis ce premier point désigné sous le nom d'affleurement Vengoechea, jusqu'à la Laja qui passe au Nord à 195 mètres.

Les feuillets de la roche encaissante sont presque verticaux et dirigés comme le gîte 65° Est. Une autre série de délits imprégnés et dirigés Est-Ouest plongent de 10° vers le Sud, en recoupant ces schistosités et formant des bancs un peu plus épais.

Le même terrain continue sur la rive droite de l'arroyo Vengeochea en se relevant peu à peu, et présentant de temps à autre des marbrures quartzeuses qui jalonnent bien la direction observée ; l'aspect est celui de l'affleurement du Corral de Ruiz moins les mouches de minerai.

C'est seulement sur la rive droite de l'arroyo d'Alejandro, à 600 mètres à l'Est de Vengoechea, que le cuivre reparaît dans les fragments visibles d'une crête de filon qu'on trouve à 75 mètres plus loin et qui continue à se montrer à la surface suivant la direction prolongée du Corral de Ruiz, en accentuant sa netteté et sa puissance en se rapprochant du col qui réunit le Cerro d'Alejandro à la Sierra de Gallinazo. **Alejandro.**

L'affleurement continu mesure 250 mètres de longueur avec une puissance variable de 0m,40 à 1m,20. Arrivé au col d'Alejandro, il se réduit à une veine de quelques centimètres d'épaisseur, mais reparaît sur le versant Ouest, non plus avec sa régularité antérieure, mais sous forme de pointements disséminés sur une longueur de 150 mètres, suivant la direction, et une largeur de 15 à 20 mètres. Depuis l'arroyo d'Alejandro, on trouve dans la gangue quartzeuse, du cuivre carbonaté vert et bleu et du cuivre oxydulé.

Cette nouvelle partie du gîte a reçu le nom d'Alejandro et mesure au total 475 mètres en direction. Sur le versant Nord du col d'Alejandro, à 40 mètres au-dessus du niveau de la Laja qui baigne son pied, on voit une coulée d'*argilophyre* ayant conservé la forme de dôme arrondi et couvrant une surface de 7 à 800 mètres carrés.

Conclusions sur l'ensemble du Corral de Ruiz, Vengoechea et Alejandro. — En résumé, du premier pointement du Corral de Ruiz à l'extrémité Ouest d'Alejandro, il existe une série d'affleurements qui indiquent la présence d'un gîte cuprifère dont les conditions sont déterminées :

Par des pointements minéralisés et continus :

Sur 107 mètres au corral de Ruiz,

Et 250 mètres à Alejandro ;

Par des imprégnations cuivreuses dans la roche encaissante à Vengoechea, à 700 mètres d'Alejandro et du Corral de Ruiz et sur leur direction commune ;

Par des pointements cuivreux discontinus, à 75 mètres à l'Ouest d'Alejandro ; enfin, au corral de Ruiz, à Vengoechea et à l'Est d'Alejandro, par des disséminations du gîte reconnues sur des largeurs respectives de 67 mètres, 195 mètres et 20 mètres. De plus, la direction générale se trouvant jalonnée entre les points principaux par des veines et autres indices quartzeux, on peut affirmer l'existence d'une fracture plus ou moins irrégulière de 2,000 mètres d'étendue, suivant la direction 65° Est.

d. Casualidad. — A 400 mètres au Nord, à hauteur d'Alejandro, mais séparées de celui-ci par le Cerro du même nom, on trouve dans le lit et sur la rive gauche d'un petit affluent de la Laja, des imprégnations cuivreuses produites par une veine de quartz, mesurant 30 à 40 centimètres d'épaisseur, dirigée 65° Est et visible à 40 mètres à l'Est du ravin au moment où elle s'enfonce sous les alluvions de la plaine du Diluvio.

e. Garcia. — Un autre gisement se rattachant à la direction 95° Est traverse la Laja à 250 mètres au Nord de l'alignement du gîte principal et à peu près à égale distance de Vengoechea et d'Alejandro. Il manifeste sa présence à l'Ouest, à 50 mètres de la rive de la Laja par quelques pointements quartzeux qui se transforment à la traversée de la rivière en veine continue de quartz blanc avec cuivre carbonaté vert et cuivre sulfuré, accompagnée d'imprégnations minérales dans la roche encaissante dont la pâte argileuse de couleur verte, enserre une forte proportion de grains de quartz fin. La veine se maintient dans ces conditions sur une longueur de 74 mètres, et sa présence n'est plus révélée au delà, vers l'Est, que par une série de marbrures qui, suivant la même direction, viennent se perdre dans l'affleurement d'Alejandro au point le plus puissant, mais sans traverser au delà.

Au total, ce gîte, qui a reçu le nom de Garcia, mesure en direction, sur la partie continue, 114 mètres, avec une puissance de 30 à 40 centimètres et des imprégnations qui s'étendent sur 3 à 4 mètres d'épaisseur dans sa partie Est. Il est ensuite jalonné sur 350 mètres par des indices discontinus, mais sérieux, qui viennent aboutir au filon Alejandro.

f. **Gallinazo.** — Il faut encore signaler à un kilomètre au Sud d'Alejandro, sur l'autre versant de la Sierra de Gallinazo, dans la savane de ce nom, quelques indices cuivreux dirigés Est-Ouest présentant une grande analogie avec les précédents, mais n'ayant que peu d'importance.

Dyke porphyrique. — A environ 100 mètres d'altitude sur les flancs de la Nevada, et à deux kilomètres au Nord du champ de fracture décrit, affleure sur environ 1,500 mètres de longueur, un dyke de porphyre quartzeux jaune de 6 à 8 mètres de puissance, dirigé Est-Ouest. Les terrains qu'il traverse sont sembables à ceux de la Sierra de Gallinazo, mais à texture globulaire et plus serrée.

Travaux anciens. — C'est sur ces différents gîtes qu'ont porté, il y a vingt-cinq ans, les tentatives de l'ancienne Compagnie des mines de Santa-Marta.

Tous les travaux se sont bornés à découvrir les affleurements dans les parties paraissant les plus riches et ensuite à enlever le minerai sans méthode et à ciel ouvert. Au Corral de Ruiz, une tranchée irrégulière de 2 mètres à $2^{m},50$ de largeur, aujourd'hui en partie éboulée, a complètement dépouillé le gîte sur une profondeur variant de 2 à 3 mètres et une longueur de 30 mètres. Une excavation semblable a été creusée à Alejandro sur 36 mètres en direction, sans dépasser la profondeur de $2^{m},50$ et la largeur de 2 mètres. Il existe aussi deux autres essais, l'un, dans l'Est de Garcia, est descendu à $1^{m},50$ dans les imprégnations voisines de la veine ; l'autre, dans la ravine de Casualidad a servi à enlever le gîte sur 3 mètres en direction et $0^m,80$ en profondeur. Ces travaux conduits en vue d'une production immédiate, n'ayant pas même respecté les épontes du gîte, ne peuvent fournir par eux-mêmes que des renseignements insignifiants. Les minerais extraits ont été jetés pêle-mêle avec les déblais au hasard et depuis, en partie enlevés par les eaux. Rien n'indique l'existence d'anciennes places de triage, ce qui ferait supposer que les échantillons pris l'ont été au chantier même et au fur et à mesure de l'abatage.

Description.

Travaux d'exploration. *a*. Corral de Ruiz. — On a recoupé les gîtes par des tranchées à travers bancs continuées à l'Est et à l'Ouest de l'affleurement, jusqu'à ce que toute trace ait disparu ; l'ancienne tranchée a été nettoyée dans les parties les plus solides, et deux puits distants de 67 mètres ont été ouverts sur le filon principal, l'un dans la partie vierge de l'affleurement, l'autre dans l'ancienne tranchée. Le premier a été foncé jusqu'à $5^m,75$ avec sondage central de $0^m,75$. Cet ouvrage ouvert sur l'affleurement en un point où la puissance est de $1^m,20$, descend avec le mur du gîte qui est vertical et perd le toit incliné de 12° vers le Nord, à la profondeur de 3 mètres. Le remplissage est très nettement séparé des épontes unies comme une glace par des salbandes d'argile rougeâtre de 5 à 6 centimètres d'épaisseur. Le minerai est d'abord réparti dans deux zones au toit et au mur, la partie médiane formant un noyau stérile ; à 4 mètres, il occupe toute la largeur du puits et contient des boules un peu plus riches disséminées dans le remplissage plus pauvre. A 5 mètres, la puissance du filon dépasse $2^m,50$ plus grande largeur abattue pour l'emplacement du boisage. A la surface et jusqu'à 2 mètres, on ne trouve que du cuivre carbonaté vert, ensuite paraissent quelques mouches de cuivre sulfuré ; à $5^m,50$, ces mouches deviennent de véritables rognons d'un triage moins difficile.

Le terrain est solide, mais très perméable à l'eau ; le minerai facile à abattre donne beaucoup de terre et de menu.

Le deuxième puits ouvert à 67 mètres à l'Est du premier, descend à $6^m,50$ au-dessous du sol, dont 3 mètres dans la tranchée et $3^m,50$ en puits. Il est creusé au mur avec lequel il s'enfonce verticalement.

Ici le filon forme nettement deux branches de $0^m,80$ et $0^m,90$ de puissance séparées par un noyau stérile de 1 mètre d'épaisseur, ces branches paraissant se réunir plus bas en raison de la forme du noyau qui est celle d'un coin très aigu. Le terrain encaissant est aussi perméable que précédemment, mais plus solide ; la gangue devient plus quartzeuse et partant plus dure. Le cuivre sulfuré est très rare dans le remplissage où domine le cuivre carbonaté vert.

A 47 mètres à l'Est du puits n° 1, le nettoyage de la tranchée a mis encore en évidence la division du filon en deux branches parallèles de $0^m,70$ et $0^m,90$ de puissance séparées par un noyau de 1 mètre.

Le minerai est semblable à celui que l'on trouve au puits n° 1.

Quant aux veines qui se montrent au Nord et au Sud de l'affleurement principal, elles mesurent de $0^m,15$ à $0^m,20$ d'épaisseur et n'ont pas de tenue régulière à la surface; elles se rapportent d'ailleurs au filon voisin et doivent s'y rattacher en profondeur.

Nature du minerai.

Les échantillons industriels qui ont servi à déterminer la richesse des minerais ont été prélevés sur la totalité des produits de chaque ouvrage, après enlèvement des morceaux absolument stériles.

L'impossibilité d'obtenir du personnel dont on disposait une classification en catégories régulières n'a pas permis de procéder au triage complet des produits des recherches; sur l'ensemble représentant la composition brute des parties minéralisées du gîte, on a prélevé un certain poids dans lequel on a choisi les fragments les plus riches et déterminé leur richesse et leur proportion.

On a retiré des 5 premiers mètres du puits du Corral de Ruiz n° 1.

7,500 kilos de minerai tenant 7.70 0/0 de cuivre et 215 grammes d'argent à la tonne de minerai, soit 2 kil. 792 à la tonne de cuivre métallique, et ne donnant à l'essai ni arsenic ni antimoine ni aucune autre impureté nuisible à la qualité du métal ou à la simplicité du traitement métallurgique.

4

De 5 mètres à 5 mètres 75 de profondeur on a extrait 1,000 kilos de minerai dont la composition est la suivante :

Silice	64.60
Oxyde de fer et alumine	9.70
Soufre	0.70
Chaux	1.60
Perte au feu	7.42
Oxyde de cuivre	15.50
Argent	0.012
Arsenic, antimoine, etc	—

Ceci correspond à 12.40 0/0 de cuivre et 120 grammes d'argent à la tonne de minerai ou environ 1 kilo à la tonne de cuivre métallique.

La richesse a donc augmenté sur la profondeur de 5 mètres de 4,70 0/0, soit sensiblement de 1 0/0 par mètre de profondeur.

Au puits n° 2, la teneur moyenne a été de 4.70 0/0 de cuivre avec 6 grammes d'argent à la tonne de minerai, ce qui s'explique par l'absence de cuivre sulfuré. Le minerai conserve d'ailleurs sa pureté.

On a retiré de l'ancienne tranchée 1,800 kilos de minerai pris sur la totalité des décombres. La composition d'un échantillon moyen est la suivante :

Silice	67 0/0
Oxyde de fer, alumine	15.40
Soufre	0.05
Chaux	1.50
Perte au feu	7.86
Oxyde de cuivre	8.12
Argent	0.0112
Arsenic, antimoine	—

soit 6.50 0/0 de cuivre et 112 grammes d'argent à la tonne de minerai ou 1 kil. 700 à la tonne de cuivre métallique.

Quelques fragments contenaient du cuivre sulfuré, mais la variété dominante est comme partout au voisinage de la surface, le cuivre carbonaté.

Le puits n° 1 a produit 22 tonnes de terres rejetées comme stériles, mais que des ouvriers soigneux et accoutumés au travail eussent facilement appauvries davantage.

Elles donnent, en effet,

2.80 0/0 de cuivre

et 3 k. 857 d'argent à la tonne de cuivre métallique.

Cette minéralisation provient principalement des fragments de cuivre sulfuré, espèce minérale très fragile et souvent argentifère.

Par un triage soigné, la tonne de minerai provenant du puits n° 1 fournit des produits à 34 0/0 de cuivre en proportion qu'il n'a pas été possible de déterminer exactement pour la totalité des quantités extraites, mais trouvée de 7 0/0 dans l'expérience faite.

b. Vengoechea. — L'affleurement de Vengoechea composé de plusieurs petits pointements à peine perceptibles, n'offrait d'intérêt qu'à cause de sa situation à égale distance des deux gîtes les plus importants. **Description.**

On a choisi pour y placer une descenderie celui de ces points qui se rapprochait le plus de la direction principale. Jusqu'à $0^m,50$ de profondeur on ne trouve qu'une veine de 3 centimètres d'épaisseur comprise entre deux feuillets de roche. Cette veine s'élargit alors un peu et se montre entourée d'imprégnations et d'autres veines constituant autant de petits gîtes de contact intercalés dans les fissures du terrain et dont la puissance va de quelques millimètres à 5 et 6 centimètres ; parfois même la pâte de la roche encaissante a été pénétrée par le minerai qui est du carbonate vert et du cuivre sulfuré gris. A $2^m,50$, profondeur atteinte par la descenderie qui a suivi l'allure verticale du gite, la puissance totale est de $2^m,20$.

L'excavation mesure 12 mètres cubes de vide, on en a retiré 2,000 kilos de minerai et de roches plus ou moins imprégnées con- **Nature du minerai.**

tenant ensemble 4.20 0/0 de cuivre, 70 grammes d'argent à la tonne de minerai et exempts de toute impureté.

On peut séparer par un triage précédé d'un scheidage très soigné de 8 à 9 0/0 de minerai de premier choix, tenant :

37.30 0/0 de cuivre

et 315 grammes d'argent à la tonne de minerai, soit 1 kilo à la tonne de cuivre métallique.

Au Nord de la descenderie on a recoupé quelques-unes des veines parallèles par de petites tranchées peu profondes. Ces veines n'affleurent que sur quelques mètres en direction et donnent des minerais fort pauvres.

Tout démontre qu'elles forment avec le premier gisement un système unique dont des travaux de surface ne peuvent faire apprécier l'importance.

La végétation fait complètement défaut aux environs de ces affleurements, plus encore à cause du manque de terre végétale que par suite du voisinage des minerais. On y peut étudier facilement tous les fendillements du terrain, perméable à l'excès et moyennement solide.

Description

c. Alejandro. — On a suivi pour l'étude d'Alejandro la même marche que précédemment, tranchées transversales tous les 25 mètres ouvertes sur le prolongement du gîte jusqu'à disparition complète de celui-ci, nettoyage de quelques points sur les anciens travaux, enfin ouverture d'un puits sur l'affleurement dans sa partie vierge et à peu près en son milieu.

On a ainsi reconnu la continuité du gîte sur 250 mètres, depuis le ravin d'Alejandro à l'Ouest jusqu'au col de même nom à l'Est.

L'ancienne tranchée permet de voir quelques vestiges du toit qui est vertical et très net, le mur est brouillé et imprégné de minerai ; la direction est rectiligne, mais le gîte présente une série d'étranglements et de renflements dont la puissance est comprise, à la profondeur moyenne de 2 mètres, entre 0m,40 et 0m,90. Le puits d'Alejandro se trouve à 14 mètres à l'Ouest de l'extrémité de l'ancienne tranchée. Il est descendu jusqu'à 5 m. 50 dans un terrain très solide, peu perméable à l'eau. Le filon augmente de puissance avec la profondeur ; il est nettement séparé de son toit par une salbande d'argile de 5 à 6 centimètres, et présente une épaisseur allant, du jour à la profondeur atteinte, de $0^m,40$ à $0^m,90$, mais se perd dans le mur imprégné de minerai en s'y dégradant peu à peu. La gangue très dure et compacte est uniquement quartzeuse ; le minerai y est uniformément disséminé à l'état de carbonate bleu et vert, d'oxydule de cuivre et de cuivre sulfuré en proportion croissante en descendant. Ce minerai remarquable par sa pureté reste semblable à lui-même dans la partie Ouest du filon ; vers l'Est la gangue devient argileuse et moins dure, la cassure disparaît peu à peu au milieu des disséminations du gîte qui s'éparpille sur le flanc Est du col d'Alejandro.

On a retiré des déblais des anciens travaux 2,800 kilos de minerai ayant la composition suivante : **Nature du minerai.**

Silice	72.90
Oxyde de fer et alumine	5.90
Soufre	0.10
Chaux	0.05
Perte au feu	6.94
Oxyde de cuivre	13.50
Argent	0.0152
Arsenic, antimoine, etc.	—

Ceci correspond à 10.80 0/0 de cuivre et 152 grammes d'argent à la tonne de minerai, ou environ 1 k. 500 à la tonne de cuivre métallique.

La partie nette du filon a donné 2,000 kilos de minerai et les brouillages et imprégnations du mur 8,500 kilos.

Le premier lot contient 7.5 0/0 de cuivre, des traces d'argent, et reste très pur ; le second donne 4.10 0/0 de cuivre et 53 grammes d'argent à la tonne de minerai, soit environ 1 k. 250 à la tonne de cuivre métallique.

A $5^m,50$, profondeur maxima atteinte, la partie nette du gîte dont la puissance est de $0^m,90$, est composée de :

Silice.	72.60
Oxyde de fer et alumine.	4.70
Soufre	0.30
Chaux	0.02
Perte au feu	6.09
Oxyde de cuivre	16.25
Argent	0.0303
Arsenic, antimoine, etc	—

représentant une teneur de 13 0/0 de cuivre avec 2 kil. 300 d'argent à la tonne de cuivre métallique.

Comme au Corral de Ruiz la richesse augmente avec la profondeur : l'accroissement est de 5.50 0/0 pour $5^m,50$, soit exactement 1 0/0 par mètre. La teneur en argent croît avec la proportion de cuivre sulfuré.

Par un triage minutieux effectué sur des minerais concassés à la grosseur d'une noix, on retire 15 0/0 de matières riches à 19.20 0/0 de cuivre et 350 grammes d'argent à la tonne de minerai, soit 1 k. 500 à la tonne de cuivre métallique.

d. Casualidad. — On a mis à nu l'affleurement sur une longueur de 48 mètres et creusé deux excavations de $0^m,75$. La veine reconnue ne dépasse pas l'épaisseur de $0^m,25$, elle est composée de quartz pur avec peu de minerai. Une zone imprégnée se trouve au mur, mais ce gisement n'a pas d'importance.

e. Garcia. — Il était beaucoup plus intéressant d'étudier l'affleurement Garcia. On y a placé un puits à l'extrémité Ouest et ainsi reconnu une crète de filon de 1m,50 de puissance à la profondeur de 2 mètres.

Le remplissage quartzeux contient du cuivre carbonaté vert et bleu, avec quelques mouches de cuivre sulfuré bleu ; il présente beaucoup d'analogie avec celui d'Alejandro. Le mur du gîte est imprégné principalement dans la partie voisine d'Alejandro. La pauvreté de ce gîte à l'affleurement (3.60 0/0 de cuivre) ne diminue en rien l'intérêt qu'il offre, sa longueur reconnue étant de 115 mètres avec une puissance moyenne de 0m,90 à la profondeur de 1m,50, et son prolongement étant signalé par des indices fréquents sur une longueur de 350 mètres.

Résultats généraux des travaux d'exploration du Diluvio. — Les travaux exécutés dans la région du Diluvio ont démontré l'existence d'un champ de fracture dirigé 65° Est, traversé par un filon principal s'enfonçant verticalement dans le sol et ayant même direction sur environ 2,000 mètres. Ce filon présente sur son parcours des disséminations et des imprégnations dans la roche encaissante. Il est croisé par un gîte de même nature se rapportant à la direction 95° Est, déjà signalée à Elvira. L'affleurement présente trois zones riches mesurant ensemble de 375 à 400 mètres en direction. Le minerai est d'une pureté remarquable, mais d'un triage très difficile. Il se compose de cuivre carbonaté vert et bleu, de cuivre oxydulé et de cuivre sulfuré. La gangue est de quartz avec argile, fer et peu de chaux; il suffira pour fondre ce minerai d'une addition de calcaire et d'une forte température.

L'accroissement de richesse dans la teneur est de 1 0/0 de cuivre par mètre de profondeur. Les travaux faits ont produit en moyenne 500 kilos de minerai brut par mètre carré de filon abattu.

Enfin, dans les parties riches, à la profondeur de 5 mètres, la teneur moyenne est de 13 0/0 de cuivre avec 200 grammes d'argent à la tonne de minerai.

Par triage les minerais bruts donnent environ 10 0/0 de matières tenant 30 0/0 de cuivre et 332 grammes d'argent à la tonne.

Le terrain où l'on rencontre ces gîtes est solide quoique perméable à l'eau ; mais il est plat et l'exploitation ne pourra être faite que par puits et galeries intérieures exigeant des aménagements spéciaux pour l'épuisement et l'extraction.

Le groupe du Diluvio se trouve à 3,600 mètres et sur le prolongement d'Elvira. Il y a donc une relation entre ces deux gisements de tous points analogues, mais des travaux en profondeur pourront seuls démontrer la continuité si elle existe.

II. — Revesado.

Le gîte anciennement signalé à Revesado se trouve à une trentaine de kilomètres au Nord-Ouest de ceux du Diluvio, à mi-chemin des haciendas de Revesado et de Sanjon et à 8 kilomètres au Nord de Valencia-de-Jésus. L'affleurement paraît à flanc de coteau sur le versant nord d'une croupe isolée longue de 7 à 800 mètres et s'élevant de 30 à 40 mètres, à 1 kilomètre au Sud de la Sierra, au milieu d'une plaine couverte de bois et traversée à l'Est par le rio Mocho affluent du César. La route du Diluvio à Revesado côtoie constamment le pied de la Nevada et traverse cinq rivières dont trois, les rios del Diluvio, de Aguas Blancas et de Sambapolo ont de l'eau en toute saison.

Le gîte de Revesado est indiqué par trois affleurements assez indécis dans lesquels paraît au milieu d'anciennes tranchées une veine irrégulière formée d'une roche quartzeuse avec carbonate vert de cuivre disséminé aussi dans la roche encaissante, composé quartzeux à texture globulaire et feuilletée.

La direction déterminée par les trois pointements se rapproche de 60° Est.

La puissance du gîte y compris les imprégnations est d'environ 1 mètre. La distance des points extrêmes de 125 mètres. Enfin le point d'affleurement le plus élevé est à 30 mètres au-dessus de la plaine. Le pendage est le même que celui des délits de la roche, c'est-à-dire 65° Nord. La pauvreté du minerai et l'isolement complet du gîte rendaient pour le moment inopportune une étude plus précise.

III. — Chantre.

A 10 kilomètres au Nord-Ouest du Valle Dupar, sur la rive gauche du rio Guatapuri, à 300 mètres d'altitude sur un des contreforts de la Nevada, on rencontre un nouvel affleurement offrant un grand intérêt à cause de la richesse de son minerai.

Cet affleurement est à 4 kilomètres au delà du pied de la montagne dans l'intérieur de la vallée du Guatapuri à 2 kilomètres au-dessus du point où il reçoit l'arroyo Capitanejo et sur la rive droite de celui-ci, au pied du Cerro de Peralejar. Le terrain environnant, coupé de ravines profondes et de pitons pointus est formé de grès rouges marneux déchirés en tous sens par des porphyres rouges avec masses d'argilolithes recouvrant çà et là les protubérances du sol.

L'affleurement encaissé dans les argilolithes verdâtres disparaît sous un amoncellement de roches et de débris de toute sorte que l'inventeur de la mine a craint de déranger. Il est sur le flanc d'une crête escarpée où la marche est difficile, au Nord et à 50 mètres au-dessus du lit d'un ravin affluent de l'arroyo Capitanejo.

La puissance du gîte dont le remplissage à gangue siliceuse est formé de carbonate bleu et vert avec cuivre sulfuré gris est de $0^{m},70$; sa direction est sensiblement dirigée Est-Ouest. A 300 mètres au Nord-Est, on rencontre sur les flancs de la montagne des blocs de quartz ayant appartenu à des veines d'origine filonienne.

Un échantillon moyen provenant de quelques vingt kilos de minerai arraché sur cet affleurement a donné 25.30 0/0 de cuivre et 320 grammes d'argent à la tonne, le minerai étant exempt de toute substance nuisible.

Les accidents topographiques fréquents dans ces parages en rendent l'exploration fort pénible, mais faciliteront singulièrement la découverte des richesses minérales qu'ils peuvent renfermer. Plusieurs autres indices de moindre richesse ont été reconnus dans la vallée du Guatapuri.

IV. — Diegopata.

Description.

On va du Valle Dupar à Salguero par une ancienne route carrossable, encore praticable pour les charrettes ou les chars à bœufs, qui traverse un pays plat entièrement couvert de bois. La distance est de 8 kilomètres et peut être franchie en 1 h 1/2 à pas de cheval. A Salguero, on traverse le rio César large de 80 mètres et profond de $1^m,50$ à 4 mètres selon la saison. La rivière n'est donc jamais guéable. Sur l'autre rive, la route tout aussi plate reste sous bois jusqu'à Diegopata distant de 8 kilomètres du César et traverse à mi-chemin le village de Tupès à une faible distance d'un arroyo de peu d'importance. Le village de Diegopata est encore dans la plaine d'alluvions qui forme toute la vallée du César et à 4 kilomètres du pied des premiers contreforts de la Sierra de Perija appartenant au système des Andes orientales.

Les mouvements du terrain mettent en évidence les grès rouges dominés par des calcaires et des marnes violemment soulevés et soumis ensuite à de puissantes érosions qui ont taillé de gigantesques falaises inaccessibles montrant la succession des couches sur des hauteurs verticales de 80 à 100 mètres.

De Diegopata au gîte de Talanjera il faut 2 h. 1/2 : le sentier, d'abord assez régulier, pénètre dans une région boisée, traverse deux quebradas importantes et remonte le cours d'un ravin profondément encaissé dans les grès rouges pour s'élever ensuite brusquement sur les flancs d'une croupe inclinée à 45° et atteignant de 4 à 500 mètres d'altitude. Il franchit la crête par un col de quelques mètres de largeur à l'altitude de 320 mètres et redescend sur le versant Sud de la montagne en traversant l'affleurement à la cote 300, pour atteindre le fond de la vallée 150 mètres plus bas.

L'affleurement est à 30 kilomètres au Sud-Sud-Est du Valle Dupar, à 8 kilomètres au Sud-Est du village de Diegopata et à 10 kilomètres à l'Est du rio César.

Le gîte parallèle à la crête de la montagne dentelée comme une lame de scie est exactement dirigé 95° Est. L'affleurement est continu, mais se montre surtout à la traversée des ravins correspondant aux points bas de la ligne de faîte. Là il est complètement dépouillé du peu de terre végétale et des touffes d'herbe qui se maintiennent à grand'peine sur ces pentes escarpées. Parfois l'éponte du Sud s'est écroulée sur une assez grande hauteur laissant à nu le corps du filon sur les parties planes duquel les infiltrations ont déposé une couche de cuivre produisant à distance l'effet d'une couche de peinture verte appliquée sur les surfaces en surplomb.

On suit ainsi cet affleurement sans le perdre de vue un seul instant sur 400 mètres de longueur. Sa puissance visible varie de 6 à 10 mètres à peu près uniformément minéralisés. Le gîte est encore jalonné sur une centaine de mètres, à l'Est et à l'Ouest, par quelques pointements isolés perdus dans la végétation devenue plus abondante.

Un habitant du pays, le señor Prieto, ayant entrepris des recherches en cet endroit, il y a environ vingt ans, s'est borné à attaquer l'affleurement en trois points et à l'arracher partiellement sur une profondeur de 1m,50 et quelques mètres de longueur.

Entre les points les plus hauts de l'affleurement qui se montrent à 180 mètres au-dessus du fond de la vallée, et les points les plus bas, la différence de niveau est de 30 mètres; le gîte est vertical et sa puissance est à peu près uniforme sur cette hauteur, bien que tout fasse supposer qu'elle est seulement due à un épanouissement des parties supérieures.

L'échantillon pris à la mine de Talanjera a été prélevé à la surface et parmi les blocs détachés depuis nombre d'années.

Dans les conditions où a été faite la visite à Diegopata, il n'a pas été possible de recueillir la moindre parcelle de roche au-dessous de la couche superficielle altérée par les eaux.

Nature du minerai.

Le minerai est à gangue quartzeuse rappelant les veinules de Vengoechea ; il est composé de cuivre carbonaté vert avec oxychlorure, oxydule et sulfure gris ; il ne contient aucune impureté et donne

4.30 0/0 de cuivre.

avec 4 k. 500 grammes d'argent à la tonne de cuivre métallique.

A une faible profondeur on trouvera certainement une minéralisation plus importante.

La partie visible de cet affleurement, comprise entre les points hauts et les points bas, étant admis que le passage des ravins a détruit exactement la moitié du gîte, représente avec la puissance moyenne de 8 mètres pour la longueur de 400 mètres et la hauteur de 30 mètres, un cube total de 48,000 mètres. Enfin l'examen de la topographie des lieux montre que le prolongement intérieur de ce filon peut être étudié sur 150 mètres de hauteur par des galeries à travers bancs de longueur sensiblement égale à la profondeur verticale atteinte. La présence de l'eau ne gênera en rien l'exécution des travaux qui seront entrepris dans des terrains peu durs, mais solides.

Valeur actuelle de l'affaire.

Les descriptions qui précèdent démontrent qu'on se trouve en présence d'une région cuprifère de premier ordre, où l'on dispose, dès à présent, de deux centres miniers très importants.

Le premier, celui de Campercucho, d'un accès facile, est situé dans une contrée peu habitée, couverte de bois, mais uniformément plate. Il comprend un champ de fracture de 5 à 6 kilomètres de longueur reconnu aux deux extrémités sur environ 3 kilomètres avec des zones riches dont l'ensemble forme une longueur de 700 mètres. Les minerais d'une pureté exceptionnelle sont analogues à certaines variétés exploitées au Chili, leur richesse s'accroît avec la profondeur, et jusqu'à nouvel ordre on peut leur assigner une teneur moyenne de 13 0/0 avec un rendement de 1 kilog. à 1k500 grammes d'argent à la tonne de cuivre métallique.

Le deuxième centre, celui de Diegopata, d'un accès moins facile, est constitué par un gîte de la plus grande importance offrant, dès à présent, un cube considérable de minerai et présentant les plus grandes facilités d'exploitation. Le minerai, tout aussi pur qu'à Campercucho, a même composition et donne dans les parties superficielles de l'affleurement une teneur en cuivre et en argent qui lui assigne une richesse supérieure à celle qu'on a constatée dans les environs du Diluvio.

Outre ces centres principaux, on connaît d'autres régions intéressantes, notamment celle du Chantre, où l'on a trouvé un affleurement donnant du minerai à 25 0/0 de cuivre.

Mais on ne peut faire jusqu'à présent que des hypothèses plus ou moins justifiées :

1° Sur la profondeur des gîtes ; 2° sur la composition de régime des minerais qu'ils fourniront ; 3° sur le produit annuel qu'il sera possible d'en retirer; et bien qu'il soit déjà possible d'indiquer approximativement la nature et l'importance des dépenses de premier établissement qu'entraînera l'organisation d'une exploitation, il y aurait imprudence à les engager sans avoir vérifié par des faits les espérances que l'état de choses actuel doit faire naître.

CHAPITRE II

TRAVAUX DE RECHERCHE A EXÉCUTER

Avant d'indiquer quels sont les travaux qui permettront d'arriver le plus rapidement possible à la constatation de l'exploitabilité des gîtes, il est utile de passer rapidement en revue l'histoire des mines dans l'État de Magdalena.

Historique. — Le mot *Minas* entre dans la composition du nom de plusieurs localités de la Vallée du César. On retrouve dans certains villages des objets en cuivre et en argent fabriqués avec des minerais extraits dans la région même, si l'on en croit les inscriptions qu'ils portent. Enfin, la tradition a conservé le souvenir de mines importantes et fort riches connues autrefois, notamment à Camperucho.

On a vu qu'en certains points il existe des traces, très incertaines d'ailleurs, de travaux superficiels qui remonteraient à une haute antiquité.

Les seules tentatives d'exploitation sur lesquelles on ait des données précises, ont une trentaine d'années de date, et sont dues à un habitant du pays, le señor Prieto, qui périt dans une guerre civile peu de temps après avoir entrepris ses essais de Diegopata, et à l'ancienne Compagnie des mines de Santa Marta qui courait à un échec certain devant résulter de la mauvaise direction donnée à ses travaux, lorsqu'une question d'ordre purement financier vint les arrêter définitivement.

Si donc on peut tirer du passé quelque encouragement, il n'en résulte aucun enseignement profitable.

Travaux de recherche. — Les travaux de recherche consisteront en puits et galeries intérieures pour Camperucho, en galeries pour Diegopata, et en explorations superficielles dont il ne sera plus question, pour le Chantre et Revesado.

Camperucho, 1° Elvira.

On ouvrira un puits de 2m,25 sur 1m,75 de section utile sur le gîte même en un point situé à flanc de coteau d'où l'on puisse se débarrasser facilement des déblais sans courir le risque d'être gêné par les venues d'eau de la saison des pluies, et à au moins 20 mètres du point où le filon reçoit sa branche Nord. Dans le cas où le gîte s'écarterait de la verticale, il faudrait ouvrir de petits travers-bancs destinés à le recouper tous les cinq ou dix mètres suivant sa régularité. A la profondeur de 40 mètres, on creusera un puisard de 2 mètres pour rassembler les eaux et on prendra deux galeries d'allongement creusées en plein filon et dirigées l'une à l'Est, l'autre à l'Ouest ; celle-ci devra être poussée à dix mètres au moins au delà du croiseur signalé à la surface et détacher un embranchement dans sa direction.

La galerie de l'Est aura une quarantaine de mètres. Aussitôt que les galeries d'allongement auront atteint une quinzaine de mètres, si la richesse et la puissance du gîte se maintiennent, on reprendra le puits en y plaçant deux nouvelles recherches en direction, à 60 mètres de profondeur. Dans le cas où le minerai disparaîtrait pendant le fonçage du puits, par exemple à trente mètres, il y aurait à reconnaître d'abord sa puissance aux deux tiers de la profondeur par un travers-bancs le traversant entièrement, et son étendue en direction par une galerie normale à la première.

Ces travaux ayant abouti à des constatations favorables, il sera démontré que le gîte est exploitable, et l'on pourra commencer à abattre du minerai en les utilisant, et continuant les recherches qui deviendront alors de véritables travaux préparatoires ; en même temps on procédera à l'installation d'un centre d'extraction répondant aux besoins qui se seront manifestés.

La démonstration de l'exploitabilité du filon d'Elvira entraînera donc le creusement de 60 mètres de puits et d'environ 120 mètres de galerie, dont 80 au premier niveau et 40 au deuxième.

2° Corral de Ruiz et Alejandro.

On procèdera de la même manière au Corral de Ruiz et à Alejandro, où l'on approfondira les deux puits déjà commencés et désignés au plan sous les noms de Corral de Ruiz n° 1 et Alejandro. Auparavant il conviendra de combler celles des anciennes excavations qui, ne pouvant être asséchées par des tranchées, constituent en temps de pluie des réservoirs dont les suintements ont contrarié beaucoup l'exécution des travaux d'étude ouverts dans leur voisinage.

Au Corral de Ruiz, où le pays est absolument plat, on entreprendra le premier niveau d'allongement à la profondeur de 30 mètres et le second à 50 mètres.

A Alejandro, où le terrain se relève vers l'Est, on devra aller jusqu'à 40 mètres et 60 mètres pour rester partout dans les conditions du Corral de Ruiz.

Dans chacun de ces puits il y aura lieu de pousser les allongements du premier niveau à une quinzaine de mètres avant de reprendre le fonçage, de manière à ce qu'ils soient terminés quand le puits sera à fond.

Comme à Elvira, on devra, en cas de cessation ou de changement d'inclinaison du gîte, établir des travers-bancs destinés à le recouper.

En outre, sur Alejandro, il faudra, si l'on rencontre son croisement avec le filon Garcia, pénétrer dans celui-ci par un embranchement et étudier sa direction au moins sur quelques mètres.

Aussitôt après l'achèvement de la première partie de ce programme des travaux, il y aura lieu, si les résultats sont satisfaisants, de prolonger le puits Vengoechea jusqu'à 30 mètres et de reconnaître l'allure du gîte à cette profondeur par des travers-bancs et des allongements.

Au total on devra exécuter au Diluvio :

50	mètres puits au	Corral de Ruiz.
60	—	Alejandro.
30	—	Vengoechea.
140	mètres.	

80	mètres allongements	1er	niveau	Corral de Ruiz.
50	—	2e	—	—
80	—	1er	—	Alejandro
60	—	2e	—	—
50	mètres allongements et traverses à Vengoechea.			
320	mètres,			

soit 140 mètres de puits,
et 320 — de galeries intérieures.

On ouvrira deux galeries à travers-bancs, placées à environ 150 mètres de distance l'une de l'autre sur le versant Sud de la Sierra de Talanjera et à 50 mètres au-dessous du point le plus bas de l'affleurement, de manière à diviser celui-ci en trois zones d'égale longueur. Ces galeries mesureront à peine 50 mètres, si on les place à côté des lignes de plus grande pente qui forment le lit des ravins. On recoupera le gîte, et après avoir étudié sa composition par quelques mètres de galeries d'allongement, accompagnées des recoupes que sa puissance pourrait rendre nécessaires, on reprendra, 50 mètres plus bas, un nouveau travers-bancs destiné à devenir plus tard la galerie d'extraction et d'épuisement. Cette galerie recoupera le filon à 100 mètres au-dessous du point le plus bas de l'affleurement et 120 de profondeur horizontale. **Diegopata.**

Dans le cas de résultats satisfaisants, on pourra se mettre immédiatement en abattage en ouvrant des galeries de direction à l'Est et à l'Ouest et venant retrouver l'étage supérieur par une remontée creusée en plein gîte.

En résumé, il faudra, pour étudier le filon de Diegopata :

2 travers-bancs de 50 mètres.	100 mètres.
1 — —	120 —
Allongements du 1er niveau	140 —

soit au total 220 mètres de travers-banc et 140 mètres d'allongements.

Ressources locales. — Afin d'évaluer en toute connaissance de cause le coût de ces travaux de recherche, il est bon d'examiner les ressources qu'offre le pays en approvisionnements, main-d'œuvre, etc., etc.

Les gîtes se trouvent sur des terrains de nulle valeur et à proximité de forêts immenses inexploitées jusqu'à ce jour, pouvant fournir des bois de toute sorte pour le boisage des mines, l'établissement des charpentes, la menuiserie, le charronnage, le chauffage des machines et la fabrication du charbon de bois. Le mètre cube de planches en bois de cèdre vaut en forêt 50 francs, ce qui donne, pour le mètre cube de bois de charpente équarri à la hache, de 20 à 25 francs et pour le mètre cube de madriers de 35 à 40 francs. Le stère de rondins pour boisage reviendra alors à 15 ou 20 francs, selon le diamètre. Actuellement, les bateaux à vapeur du Magdalena paient le bois de chauffage, pris à quai, de 3 à 4 réaux, soit de 1 fr. 50 c. à 2 francs le stère, donnant 500 kilos de combustible. Ce prix correspond à 3 ou 4 francs les mille kilos.

Il faut 6 mètres cubes de bois pour fournir 1,000 kilos de charbon, qui coûteront ainsi de 17 à 20 francs, savoir : de 9 à 12 francs de bois et 8 francs pour la carbonisation.

Les grandes traverses de chemin de fer en bois de boyacan très dur valent au chantier de 1 fr. 75 c. à 2 fr. 50 c.

Il y a du calcaire à peu près partout, et l'on peut fabriquer de la chaux vive au prix de 20 francs la tonne. Enfin les grès quartzeux, au milieu desquels affleurent les gîtes, fourniront d'excellents matériaux réfractaires susceptibles d'être taillés et valant à l'état de moellons bruts de 4 à 5 francs le mètre cube, pris à la carrière.

Main-d'œuvre. — La rareté de la main-d'œuvre dans le département du Valle Dupar tient beaucoup plus au peu de besoins des habitants qu'à leur petit nombre.

Les salaires actuellement payés sont de 4 à 6 réaux par journée, soit, en négligeant le taux du change, de 2 à 3 francs, plus la nourriture, qui coûte 1 franc au patron obligé de tout acheter, mais revient à peine à 75 centimes aux gens ayant des établissements agricoles. Les centres populeux tels que Barranquilla, Santa Marta, etc., regorgent de travailleurs en quête d'une occupation lucrative et tout disposés à se déplacer. On peut citer l'exemple de la Compagnie du Canal de Panama, qui recrute sans difficulté et par centaines des ouvriers auxquels elle alloue une piastre, soit 5 francs pour tout salaire, alors que dans l'isthme, les occasions de dépense abondent pour le travailleur, et que sa nourriture absorbe déjà de 1 fr. 50 à 2 fr. par jour.

Il n'y a pas de mineurs dans l'État de Magdalena, pas plus que dans celui de Bolivar dont il est limitrophe, tout au plus des terrassiers. Quant aux mineurs des États d'Antioquia, etc., ils ne savent guère que percer la roche et la faire éclater à la poudre. L'ouvrier colombien du littoral est un sang mêlé, il tient du blanc, de l'indien et du nègre. Il est sobre et d'une force peu commune, mais paresseux à l'excès; peu propre aux travaux qui n'exigent que de l'adresse, le métier de mineur paraît avoir pour lui un certain attrait, et il l'apprend vite. Mais il est aussi inconstant que peu économe et se hâte d'aller au loin pour dépenser son gain, quitte à reprendre son labeur dès que le besoin se fera sentir. Les Européens et Américains du Nord venus dans le pays comme ouvriers d'art y sont encore assez peu nombreux pour exiger des salaires ridicules. Mais il est certain qu'avec une organisation régulière et les moyens de transport dont il sera question plus loin, on pourra entretenir aux mines des ouvriers piémontais, dont l'humeur voyageuse et la sobriété sont bien connues, en aussi grand nombre qu'on le voudra au prix moyen de 10 francs par jour, la nourriture restant à leur charge. Il résulte de l'expérience faite pendant l'exécution des travaux, que le rendement des ouvriers indigènes dirigés et surveillés par des gens habitués au maniement des hommes, sera égal au rendement des Européens travaillant dans leur pays. Pour les puits d'Alejandro et du Corral de Ruiz, il a été employé 20 journées par mètre courant, tant pour le fonçage que pour l'extraction et l'épuisement, avec des hommes qui ne savaient même pas manier une pioche, et cela dans des conditions d'organisation, de surveillance et d'outillage absolument déplorables.

Les transports se font avec des ânes, des chevaux, des mulets et des bœufs employés comme bêtes de charge.

Un âne pouvant porter de 50 à 60 kilos, coûte 80 francs et rend des services pendant trois ans. Un cheval sur lequel on charge 100 kilos, vaut 300 francs et résiste pendant 5 ans, aussi longtemps qu'un mulet qui porte 125 kilos, et coûte 400 francs. La charge d'un bœuf valant 100 francs est de 150 kilos ; l'animal doit être réformé au bout de 2 ans et demi.

Un conducteur suffit pour 6 bêtes ; quant à la nourriture, les savanes la fournissent naturellement et il est bien rare qu'on y ajoute un peu de maïs.

La journée de travail revient alors, conducteur, nourriture et amortissement compris, à

0 fr. 85 pour l'âne,
1 fr. 25 — le cheval,
1 fr. 35 — le mulet,
1 fr. » — le bœuf.

Au début d'une affaire malgré l'abondance des sujets il sera malaisé, pour ne pas dire impossible, de se procurer dans le pays des employés et surveillants joignant à la connaissance des travaux l'esprit d'ordre, de prévoyance et d'économie qui avec la fermeté du caractère sont les qualités indispensables au personnel de toute affaire industrielle sérieuse.

L'éloignement des centres habités obligera à établir sur le lieu même des mines des logements et des magasins approvisionnés de tout ce qui est nécessaire à l'existence.

Exécution des travaux. — Pour des puits ne dépassant pas 60 mètres de profondeur, ayant une section utile de 2m,25 sur 1m,75, dans des terrains analogues à ceux de Camperucho et avec un épuisement représentant deux à trois fois le tonnage des déblais à extraire, il faut compter en moyenne par mètre courant de puits sur une dépense de 225 francs en main-d'œuvre, explosifs et boisage, savoir : Coût.

6 journées	mineur européen, à 10 francs. . .	60 fr.		Main-d'œuvre.
6 —	aide-mineur indigène, à 5 francs. .	30 »		
1 —	charpentier européen.	12 »		
1 —	aide-charpentier indigène	6 »		
6 —	manœuvres indigènes, à 4 francs. .	24 »		
1/2 —	forgeron européen, à 12 francs. . .	6 »		
1/2 —	aide-forgeron indigène, à 5 francs .	2 50		
3 —	cheval attelé au manège, 1 fr. 25 .	3 75	144 25	
4 kilos dynamite, à 5 francs		20 »		Explosifs.
Fusées et capsules		1 »	21 »	
0mc 520 bois de cadre à 30 fr.		15 60		Boisage.
4 porteurs d'angle, à 1 franc.		4 »		
Coulantage 6mq planches, à 2 francs		12 »		
Garnissage et divers		5 »		
Un mètre d'échelles et crampons.		2 »		
Pointes, etc		1 40	40 »	
Fournitures pour la forge.		1 50	1 50	Forge.
Imprévu et divers.			18 25	
Total . . . . Fr.			225 »	

L'avancement mensuel moyen jusqu'à 60 mètres sera de 8 mètres. Les galeries intérieures de 2^{m} sur 1^{m} 50, dimensions indispensables pour obtenir un aérage suffisant coûteront de 120 à 125 francs suivant leur profondeur, ainsi répartis.

Main-d'œuvre, moitié de celle qui est employée dans le puits	54 »
Extraction et épuisement, même dépense par mètre cube que dans le puits, plus épuisement de celui-ci.	27 75
Explosifs, même proportion par mètre cube que dans le puits	10 50
Forge et outillage, même proportion par mètre cube que dans le puits.	5 »
Boisage, un cadre complet et garnissage.	8 »
Imprévu.	14 75
Total. . . . . Fr.	120 »

L'avancement mensuel moyen sera de 17 mètres.

Pour les galeries débouchant au jour, les frais d'épuisement disparaissent, il n'y a plus que ceux d'extraction des déblais, opération qui se fait à la brouette sur niveau ; en outre l'avancement est un peu plus rapide, les ouvriers étant moins gênés. Le mètre courant coûtera de 90 à 100 francs et on percera une vingtaine de mètres par mois.

Durée des recherches.

Les travaux devront être entrepris de façon à se terminer simultanément et à n'engager le personnel que peu à peu, afin de ne jamais être obligé, même en cas d'échec partiel, de congédier une partie des travailleurs qu'on sera parvenu à former.

Le tableau suivant indique leur état d'avancement à la fin de chaque mois.

MOIS	DIEGOPATA					ELVIRA				CORRAL DE RUIZ				ALEJANDRO				VENGOECHEA		
	NOMBRE D'OUVRIERS	TRAVERS-BANCS O.	TRAVERS-BANCS E.	ALLONGEMENT	TRAVERS-BANCS 2e NIVEAU.	NOMBRE D'OUVRIERS	PUITS	1er NIVEAU	2e NIVEAU	NOMBRE D'OUVRIERS	PUITS	1er NIVEAU	2e NIVEAU	NOMBRE D'OUVRIERS	PUITS	1er NIVEAU	2e NIVEAU	NOMBRE D'OUVRIERS	PUITS	NIVEAU
Fin 1er mois.	»	»	»	»	»	»	»	»	»	6	12	»	»	6	12	»	»	»	»	»
2e	»	»	»	»	»	6	12	»	»	6	22	»	»	6	22	»	»	»	»	»
3e	10	20	20	»	»	6	22	»	»	6	30	»	»	6	30	»	»	»	»	»
4e	10	40	40	»	»	6	30	»	»	6	»	17	»	6	37	»	»	»	»	»
5e	10	50	60	20	»	6	37	»	»	10	37	34	»	6	40.5	8.5	»	»	»	»
6e	12	»	»	40	20	6	40.5	8.5	»	10	44	51	»	10	44	25	»	»	»	»
7e	12	»	»	60	40	10	44	23	»	10	51	78	»	10	51	42	»	»	»	»
8e	12	»	»	80	60	10	51	42	»	6	»	»	17	10	57	59	»	6	12	»
9e	12	»	»	100	80	10	57	50	»	6	»	»	34	10	60	76	8.50	6	22	»
10e	12	»	»	120	100	10	60	76	8.5	6	»	»	51	10	»	»	42	6	30	»
11e	12	»	»	140	120	10	»	»	42	»	»	»	»	6	»	»	59	16	»	51

Le premier mois, on reprendra les puits d'Alejandro et du Corral de Ruiz; le deuxième mois verra entreprendre le puits d'Elvira. Enfin le troisième mois, l'organisation étant complète et l'installation du personnel terminée, on pourra aller à Diegopata.

A la fin du huitième mois, une partie des hommes du Corral de Ruiz seront mis à Vengoechea, dont le premier niveau sera étudié dans le courant du onzième mois avec tout le personnel du Corral de Ruiz et une partie des ouvriers d'Alejandro.

Pendant le premier mois, 12 ouvriers suffiront pour les travaux de mine; ce nombre sera porté à 18 pour le deuxième mois, à 28 à partir du troisième, 32 le cinquième, 38 le sixième, 42 le septième et 44 le huitième.

Cette augmentation progressive du personnel peut seule permettre d'utiliser les gens du pays, qu'on dressera peu à peu avec les quelques ouvriers européens amenés au début.

De plus, les dépenses ne seront engagées que successivement et à mesure que les résultats obtenus les justifieront.

Coût total. Le coût de ces ouvrages, en main-d'œuvre de toute nature, explosifs et fournitures pour boisage s'établit ainsi :

200 mètres puits à 225 francs . . . . Fr.	45.000	»
290 allongements, 1er niveau, à 120 francs	34.800	»
150 — 2e — à 125 francs	10.750	»
220 mètres, galeries à travers bancs, à 100 francs. .	22.000	»
140 mètres allongements, à 90 francs	12.600	»
TOTAL. . . . . . . Fr.	133.150	»

A cette somme, il faut ajouter le coût du matériel de mines comprenant : 2 treuils à engrenage, 3 manèges, dont l'emploi sera économique dans le fonçage des puits à partir de 15 mètres, vu le faible prix de revient de la journée de travail des chevaux ou bœufs, les câbles, bennes à terre et à eau, outils de mine proprement dits, outillage de forge, de charronnerie, fer et acier pour l'entretien de ce matériel, etc.; le tout représentant, rendu sur place, une somme de 20,000 francs en chiffres ronds.

On devra construire pour abriter le personnel :

1 case à Elvira ;

1 case à Diegopata ;

3 entre le Corral de Ruiz et Alejandro, soit à 800 francs l'une, 4,000 francs.

Une maison pour le personnel d'état-major, avec bureau, magasins et ateliers, écuries et annexes divers, sera aussi indispensable. Mobilier compris, ce sera une dépense de 4,000 francs.

Pour le transport des approvisionnements, y compris l'eau potable en été et les divers besoins du personnel, il faudra disposer de 16 bêtes de charge dont 8 ânes et de 4 bêtes de selle. Leur achat entraînera une dépense de 5,000 francs, indispensable si l'on ne veut pas se mettre à la merci des entrepreneurs de transport qui sont encore en trop petit nombre pour ne pas être exigeants à l'excès.

Les approvisionnements de toute nature à faire arriver aux mines représentent un tonnage de 20,000 kilos dont le transport coûtera 6,000 francs.

Les frais généraux en Colombie, comprenant la nourriture et frais de déplacement des employés et d'une partie du personnel, les honoraires, y compris ceux des agents ou consignataires qu'il faudra avoir au Banco ou à Barranquilla, les frais de réparation de certains chemins, notamment celui de Diegopata, et les dépenses du personnel auxiliaire, domestiques, courriers, etc., ne seront pas moindres de 40,000 francs.

En fixant à 250,000 francs la somme totale à consacrer aux recherches, il resterait 38,000 francs pour faire face aux frais des nouvelles explorations qu'on pourrait être conduit à exécuter et des démarches administratives à faire en Colombie, et enfin aux dépenses du siège social à Paris.

Le programme de travaux indiqué ci-dessus est suffisamment précis pour que son exécution puisse être confiée à un maître mineur sans que la présence d'un ingénieur des mines soit indispensable à Camperucho pendant la plus grande partie de la période d'exécution.

Un conducteur de travaux, réunissant les qualités requises, coûtera une douzaine de mille francs par an et devra être assisté d'un employé chargé de tenir la comptabilité, de veiller à la conservation des approvisionnements et d'assurer le ravitaillement du personnel. Il faut adjoindre à ces agents 10 mineurs-boiseurs, dont deux destinés à devenir chefs de poste au bout d'un certain temps, un forgeron et un charron-charpentier. C'est parmi les Piémontais qui fréquentent les mines d'Algérie que l'on trouvera le plus facilement des hommes capables de donner toute satisfaction.

Le reste du personnel ouvrier sera recruté sur place au fur et à mesure des besoins et ne tardera pas à se mettre au courant du travail.

La présence des ouvriers piémontais rendra plus rapide l'initiation des indigènes et permettra, le moment venu, d'attirer vers le pays un courant d'immigration pouvant satisfaire à tous les besoins.

Produits des recherches.

Les recherches, sauf modifications reconnues utiles pendant l'exécution du programme tracé, produiront un vide de 2,640 mètres cubes, soit 1,660 mètres carrés abattus dans le filon, dont les quatre cinquièmes à Camperucho et un cinquième à Diegopata. On retirera des déblais, d'après ce qui a été dit plus haut, environ 800 tonnes de minerai.

Il serait du plus haut intérêt, comme complément d'étude, de recueillir ces minerais et d'expédier en Europe, pour y être traités, tous ceux dont la teneur sera seulement suffisante pour rembourser les frais de transport. Il n'est pas moins intéressant de connaître dans quelles conditions pourraient être exportés les minerais riches, à retirer de la mine au cas où les recherches, n'aboutissant qu'à un demi-succès, démontreraient cependant l'existence de quantités exploitables pouvant rembourser en tout ou en partie le capital employé, sans exiger de nouveaux frais.

Exportation des produits des recherches.

On a vu que l'Ariguani est navigable à peu près en toute saison à partir de Marquezano, et qu'il est possible de communiquer entre cette localité et el Banco, port de la Magdalena. On sait aussi que le César est navigable pour les petites embarcations, à partir de son confluent avec le rio Garupal, pendant six mois de l'année, et depuis

Salguero, au moment des fortes pluies. Enfin, la distance de Marquezano au Diluvio est d'environ 45 kilomètres, dont 8 de la mine Alejandro au Garupal et 12 kilom. 1/2 au bourg de Venados, distant du César de 10 kilomètres. En ligne droite de la mine au même point sur le César, il y a 20 kilomètres. Le sol ondulé est absolument sec depuis Camperucho jusqu'au Garupal dont la traversée n'est pas toujours possible à l'époque des pluies. Cette partie du chemin pourrait être rendue praticable en toute saison pour les charrettes ou chars à bœufs, avec une dépense insignifiante à faire aux abords de l'arroyo de Camperucho, dont les bords sont actuellement très escarpés.

A 2 kilomètres du Garupal, la route entre sous bois. La rivière coule entre des berges parfois assez rapprochées pour qu'il soit possible, en cas d'absolue nécessité, d'y établir un pont avec quelques fortes pièces de bois jetées d'un bord à l'autre.

Jusqu'à Venados le chemin reste en forêt et n'a besoin que d'être débarrassé des arbres tombés en travers, pour devenir praticable. De Venados au César d'une part, et à Marquezano de l'autre, il se maintient en savanes plates sablonneuses et coupées de marécages dans les parties voisines des cours d'eau.

A l'époque des pluies les charrettes ne pourraient y circuler qu'avec des difficultés extrêmes et au prix de dépenses considérables.

Dans ces conditions, et en raison du bas prix d'achat et des facilités qu'offre le pays pour la nourriture des bœufs, c'est avec ces animaux attelés à des chars qu'on devra effectuer les transports de minerai et ramener les approvisionnements destinés à la mine.

En été, de Décembre à Juin, pendant que la terre ne sera pas assez détrempée pour gêner la circulation, tandis que le César offrira des difficultés à la navigation à cause du peu de hauteur des eaux, on portera le minerai à Marquezano pour l'y embarquer. En hiver, de Juillet à Novembre, la route du Diluvio à Venados restant praticable pour les chars, on se bornera à consolider le sol dans les fondrières qui pourraient se former avec des arbres jetés en travers (les palmiers qui abondent partout conviennent bien à cet usage) et on ira jusqu'à

Venados, en subissant de temps à autre les quelques journées de retard que pourront occasionner les crues du Garupal.

A Venados, le minerai mis en sacs, sera chargé à dos de mulets ou d'ânes, et porté à 10 kilomètres de là au César redevenu navigable, pour ensuite être expédié au Banco par la voie fluviale.

Un char formé d'une plateforme en bois montée sur deux roues cerclées en fer, tournant sur les fusées en fer d'un essieu en bois et pesant 1,000 kilos, vaut 900 francs à Marquezano et peut servir 2 ans sans réparation importante.

L'intérêt, amortissement et entretien représentent 25 0/0 du coût, soit 225 francs par an et 1 franc par jour pour 225 journées de travail.

La charge utile par chariot attelé de deux paires de bœufs est de 3 tonnes, le chemin parcouru de 15 kilomètres par jour en charge et de 22 kilomètres 500 à vide. Le voyage de Marquezano aller et retour représente donc 5 jours. Enfin il faut un conducteur par char.

Récapitulant on trouve :

20 journées de bœuf à 1 fr. 25 c.	Fr.	25 »
5 — de conducteur à 5 francs		25 »
5 — de chariot		5 »
Entretien du chemin		15 »
Chargement, déchargement et imprévu		20 »
Soit pour 3 trois tonnes	Fr.	90 »

ou 30 francs par tonne.

En hiver, le transport au César coûtera du Diluvio à Venados, à raison de deux jours par voyage, 12 francs par tonne, plus huit voyages de mule de Venados au César à 125 kilos par voyage et par jour, au prix de 2 fr. 25 c. par journée de mule, 18 francs, soit au total 30 francs comme précédemment.

M. Vengoechea évalue ainsi les frais de transport en Europe des minerais embarqués sur l'Ariguani.

De Marquezano à Barranquilla sur des chalands fournis par les entrepreneurs. . . . . Fr. 60 »
De Barranquilla à Savanilla . . . . 25 »
De Savanilla en Europe 31 25
Total. . . . . Fr. 116 25

Pour les minerais embarqués au César, le transport par eau coûtera 10 francs de plus à cause de la plus grande distance soit 126 k. 25, ce qui donne pour prix moyen, en chiffres ronds, 120 francs.

La mise en sacs, indispensable dans ces conditions, représente 15 francs par tonne, le transport par terre est de 30 francs :

C'est 165 francs au total qu'il faut adopter.

Au prix net de 12 fr. 50 c. par unité de teneur en cuivre, les minerais paieront le transport à partir de la richesse de 13.2 0/0 de cuivre.

Les minerais de Diegopata iront à Anapère sur les bords du César, à dos de mule, à raison de 100 kilos par bête et par jour, moyennant une dépense de 22 fr. 50 c. par tonne. De là, à l'époque des pluies, ils iront par eau dans des canots appartenant aux gens du pays, portant de 3 à 4 tonnes et montés par trois hommes jusqu'au port de Venados. La dépense sera de 30 francs par mille kilos.

En tout :

Transport par mules. . . . . Fr. 22 50
— par canots . . . . 30 »
Du César en Europe 126 25
Mise en sacs. . . . . 15 »
Total. . . . . Fr. 193 75

La richesse nécessaire pour que le prix de vente soit égal à celui du transport est de 15.5 0/0.

Il n'a pas été question de l'impôt de transit sur la Magdalena, de 20 francs par tonne, cet impôt ayant été levé pour les cuivres à la requête de M. Vengoechea.

Reste à évaluer l'importance du matériel nécessaire.

Par mois un char fera cinq voyages en été, ce qui correspond à 25 journées de travail et également 5 voyages en hiver correspondant seulement à 10 jours de travail, pour tenir compte des chômages divers.

Le travail mensuel d'un char attelé de deux paires de bœufs sera donc de 15 tonnes, c'est-à-dire qu'il faudrait pour transporter 100 tonnes par mois :

6.66 chars
et 13.32 paires de bœufs.

Le capital à immobiliser pour effectuer ce transport mensuel s'élève donc à :

6.66 chars à 900 fr.	Fr.	5.994	»
13.32 paires de bœufs à 200 fr		2.664	»
	Fr.	8.658	»

Disons 10,000 francs.

Il n'est pas question d'acheter des mulets pour les transports de Diegopata et de Venados au César; on trouvera au bout de peu de temps des entrepreneurs fournissant les 40 bêtes nécessaires pour assurer le mouvement prévu.

Au capital de 250,000 francs indiqué d'autre part, il convient donc d'ajouter 10,000 francs pour matériel de transports et pour tenir compte des frais d'une nouvelle mission d'étude, destinée à vérifier les résultats des recherches lors de leur achèvement, il sera bon d'accroître encore le capital de 40,000 francs, soit au total 300,000 francs.

Conclusions.

Comme conclusion de la première partie de ce travail on peut dire que : des recherches permettant d'apprécier la valeur industrielle des mines de Camperucho et Diegopata avec exploration au Chantre coûteront 300,000 francs et seront terminées en un an. Il sera possible d'expédier régulièrement en Europe les produits de ces recherches moyennant une dépense de 165 francs par tonne pour les minerais de Camperucho, et en hiver seulement, avec une dépense de 195 francs par tonne pour les minerais de Diegopata.

Ces minerais seront exportés avec bénéfice, à partir de la teneur de 13.2 0/0 pour ceux de Camperucho et de 15.5 0/0 pour ceux de Diegopata.

D'après les résultats déjà obtenus, les travaux de recherche produiront environ 800 tonnes de minerai.

Les chances de réussite de ces recherches sont suffisamment nombreuses et le résultat à prévoir suffisamment attrayant pour qu'il soit donné suite à l'affaire.

CHAPITRE III

CONDITIONS D'UNE EXPLOITATION FUTURE

Admettant que le programme tracé d'autre part ayant été exécuté, on ait acquis la certitude que l'on se trouve en présence de gîtes exploitables, il reste à indiquer :

1° Quel capital il faudra immobiliser pour les mettre en exploitation;

2° A quel état les produits devront être exportés ;

3° Quels bénéfices on peut espérer en se plaçant dans des conditions déterminées.

Production annuelle. — Les filons de Camperucho seront exploités par des puits foncés pendant la première période, jusqu'à 100 mètres de profondeur, et placés en dehors des gîtes pour assurer leur solidité; ces ouvrages seront mis en communication avec les anciens puits de recherche qui serviront à l'extraction au début de l'affaire et ensuite à la circulation et à l'aérage.

Dès la première année, on pourra produire 2,000 tonnes de minerai par puits, ce qui, d'après le résultat des explorations faites, correspond à une surface de 4,000 mètres carrés de filon abattu. La production totale sera, par suite, de 6,000 tonnes.

A Diegopata, une galerie à travers bancs ouverte au point le plus bas de la vallée voisine du gîte servira à l'épuisement et à l'extraction. Pour arriver au carreau de la mine, c'est-à-dire au point où les minerais pourront être élaborés ou chargés, on construira un chemin de fer aérien de 1,300 mètres de long, franchissant une dénivellation totale de 100 mètres et qui sera automoteur.

L'extraction atteindra dès la deuxième année 6,000 tonnes.

Prix de revient. — Le prix de revient de la tonne de minerai, calculé d'après les bases fournies par les recherches, sera de 25 francs pour les minerais extraits par puits et de 20 francs pour les minerais extraits par galerie. On admettra la moyenne de 25 francs.

Le nombre des travailleurs occupés sera de :

80 aux travaux du fond,
20 aux travaux du jour,
10 aux services auxiliaires.
Soit en tout 110 ouvriers.

Frais de premier établissement. — Les dépenses de premier établissement comprennent le coût des puits d'extraction, machines et moyens d'épuisement, voies de mines, outillage, etc.

Leur détail va suivre :

3 puits de 100 mètres. . . . . Fr.	90.000	»
Armement de ces puits	100.000	»
Travers bancs de Diegopata.	30.000	»
Chemin de fer aérien	50.000	»
Logements divers, bureaux, ateliers, conduites d'eau . .	85.000	»
Chemins d'accès	15.000	»
Matériel et outillage.	87.000	»
Mobilier, bêtes de trait et de charge	13.000	»
Imprévu	30.000	»
Total. . . .Fr.	500.000	»

Calculé au taux de 10 0/0 pour l'intérêt, l'amortissement de ce capital se fera en 10 ans moyennant une annuité de 81,447 francs.

Etat auquel les produits devront être exportés.

Les minerais de cuivre extraits à Camperucho et les échantillons provenant de Diégopata sont composés d'oxydes, de carbonates et de sulfures. Ils sont purs de toutes les substances nuisibles à la qualité du cuivre et dont la présence complique le traitement métallurgique. Leur fusion n'exige qu'une addition d'un fondant calcaire.

D'autre part la dissémination des particules minérales dans la gangue, et la fragilité des espèces les plus précieuses à cause de l'argent qu'elles contiennent écartant tout de suite la possibilité d'un enrichissement mécanique, on ne peut songer qu'à un triage à la main qui donnera très peu de stériles au-dessous de 2 0/0, très peu de riches au-dessus de 20 0/0 et une très forte proportion de minerais de richesse moyenne de 10 à 15 0/0 qui ne pourraient supporter les frais de transport dont on a parlé.

Dans la vente des minerais en Europe, le vendeur est d'autant mieux à la merci des acheteurs que la teneur en cuivre est plus faible ; en outre, l'écart entre la teneur réelle et celle qu'indique l'essai servant à fixer le prix de vente est d'autant plus grand que le minerai est plus pauvre. Cet écart est en moyenne de 50 0/0 du cuivre réellement contenu pour les minerais au-dessous de 5 0/0, de 20 0/0 pour les minerais à 15 0/0 et ne devient négligeable que pour les minerais tenant plus de 30 0/0.

Le prix de l'unité de teneur en cuivre est d'autant plus élevé qu'il s'agit d'un minerai plus riche et plus pur; d'autre part, le *prix de retour* correspondant aux frais de traitement ne varie pas avec la teneur des minerais. Il ne sera donc possible d'utiliser la totalité des produits des mines qu'à la condition de les enrichir par le procédé le plus élémentaire applicable dans le pays, c'est-à-dire la fusion telle qu'elle est opérée sur des minerais semblables pour obtenir les barres du Chili (1).

Les procédés électrolytiques, bien qu'ils soient entrés dans le domaine de la pratique industrielle pour le traitement des métaux n'ont pas encore donné de résultats assez concluants pour que l'on puisse les introduire dans une contrée aussi nouvelle que celle dont il s'agit, au début d'une affaire.

La concentration des produits de Camperucho et de Diegopata dans une seule usine de traitement ne pouvant être considérée comme possible que dans certaines circonstances qu'on n'a pas le droit de prévoir, il faudra traiter à part les minerais de chaque localité.

Tout ce qui va suivre s'applique spécialement à l'usine de Camperucho, mais les conditions économiques de celle de Diegopata diffèrent trop peu, pour qu'on ne puisse appliquer à l'une les prix de revient obtenus pour l'autre, surtout si l'on considère qu'il ne s'agit ici que d'une étude préparatoire devant aboutir à une formule destinée à permettre de voir où conduisent les différentes hypothèses qu'on peut faire sur l'avenir des mines de Camperucho et Diegopata.

On admettra donc une production annuelle de 6,000 tonnes à la teneur moyenne des échantillons prélevés sur les parties où le gîte

---

(1) Voici la composition des minerais entrant dans les lits de fusion, traités par une usine du Chili :

	PROVENANCE	POIDS Quintaux	TENEUR en cuivre
	—	—	—
Carbonates et oxychlorures (gris et brun foncé).	Caldera	12	12 0/0
Silicates	Tongoy	8	12
Fondants ferrifères divers	Coquimbo	14	8
Calcaires.	—	4	3
Carbonates et oxychlorures durs à fondre. . . .	divers	2	8
Sulfures bleus	Tongoy	6	20
Id. jaunes.	divers	6	9
Id. Id.	Tolovallillo	16	8
Scories de grillage.	—	2	9
Total.		70	10 0/0 Teneur moyenne.

La fonte s'opère dans des fours à réverbère avec la houille du pays ; on passe 4 charges par 24 heures, le produit est une matte à 60 0/0 de cuivre ; les scories en contiennent rarement 1 0/0.

paraît avoir sa composition normale, et l'on ne tiendra compte ni de la richesse des minerais de choix, ni de l'enrichissement en profondeur.

Les essais de MM. Morin ayant été contrôlés au Laboratoire Hautefeuille, on se basera sur la moyenne des résultats des doubles analyses.

Ceci dit, Elvira a donné :

	Cuivre 0/0.	Argent par tonne.
	—	—
Analyse Morin	13.8	172 gr.
Hautefeuille.	15.0	40
La moyenne est de	14.40	106 gr.
Alejandro : Morin.	13.	303
Hautefeuille.	14.05	320
Moyenne	13.52	311 gr.
Corral de Ruiz : moyenne.	12.40	120
Moyenne générale : cuivre 0/0		13.44
— — argent par tonne . . .		179 gr.

Le puits n° 2 du Corral de Ruiz a été laissé de côté à cause de sa position et des circonstances particulières dans lesquelles s'y trouve le gîte.

Exposé de la méthode. — Les minerais seront fondus au four à manche avec addition de calcaire et de scories cuivreuses provenant des opérations antérieures. On emploiera comme combustible le charbon de bois. Le produit sera du cuivre noir contenant du fer, très peu de soufre et la presque totalité de l'argent, et des scories à repasser. Si la proportion de soufre était suffisante pour qu'il y eût production d'un peu de matte, celle-ci serait recueillie, grillée à un seul feu et repassée plus tard.

L'opération doit être conduite très vite et à une température très élevée pour obtenir des scories très siliceuses.

Produits du traitement. — Le cuivre noir coulé en barres tiendra 90 0/0 de cuivre. La perte au traitement étant pour la teneur de 13.44 0/0 d'environ 15 0/0, le rendement sera de 11.5. Une tonne de minerai donnera 127k,777 de cuivre noir à 90 0/0, c'est-à-dire qu'il faudra 7t826 kilos de minerai brut pour produire une tonne de cuivre noir à 90 0/0 tenant environ 1k,193 d'argent.

L'usine traitant 6,000 tonnes de minerai brut donnera 766t,500 de cuivre noir. La fusion d'une tonne de minerai consommera :

Fondant 0,300 à 10 fr.	Fr.	3 »
Charbon 0,750 à 20 fr.		15 »
Main-d'œuvre 2 j. 25 à 8 fr.		18 »
Frais généraux.		3 »
Outillage et divers.		6 »
	Fr.	45 »

Consistance de l'usine. — L'usine comprend 6 fours de fusion, dits fours à manche de 3m,50 de hauteur;

Une soufflerie;

Des halles à charbon;

Des aires pavées pour la préparation des lits de fusion.

La soufflerie et les installations mécaniques absorberont 20 chevaux de force.

La chemise réfractaire des fours sera construite en grès quartzeux du pays. Les ferrures seules devront être importées.

L'usine sera placée à proximité d'Elvira et du Diluvio sur la route de Venados de façon que toujours les minerais et les produits se rapprochent du point d'embarquement. La force motrice sera empruntée à une roue hydraulique alimentée par une dérivation du Garupal. L'usine touchera à la lisière de la forêt de Venados qui couvre environ 4,000 hectares dont chacun peut fournir 50 tonnes de charbon de bois. La consommation annuelle étant de 4,500 tonnes on coupera 90 hectares par an; le bois de Venados offre donc des ressources pour 44 ans; comme d'ailleurs les bois repoussent en 20 ans, la consommation de charbon pourrait être impunément doublée.

Coût de l'usine. — L'installation de l'usine coûtera :

6 fours à 10,000 francs	Fr.	60.000 »
2,100^{mq} de hangars		21.000 »
Machine soufflante.		10.000 »
Roue hydraulique et prise d'eau. .		18.000 »
Laboratoire.		3.000 »
Outillage		20.000 »
Logements pour le personnel . . .		8.000 »
Imprévu		10.000 »
Total	Fr.	150.000 »

Le personnel se composera de :

36 hommes aux fours.
8 — aux transports.
2 — surveillants.
1 chimiste.
1 chef de fabrication.
48 personnes.

En comptant l'amortissement comme précédemment à 10 0/0 pendant dix ans, l'annuité sera de 24,434 francs.

Comme il faudra deux usines, une à Diegopata et une à Camperucho, c'est un capital de 300,000 francs à immobiliser et une annuité de 48,868 francs à prévoir pendant dix ans pour l'amortissement.

Chaque usine produisant 766 t. 500 de cuivre noir à 90 0/0 de cuivre, le résultat final sera de 1,533 tonnes de métal à exporter.

Transport des produits. — M. Vengoechea estime que les frais de transport du César en Europe s'abaisseront à 90 francs par tonne, amortissement du matériel compris, si l'on se sert de petits vapeurs appartenant à la Société et allant à Santa-Marta. Dans ce cas, les produits de l'usine de Camperucho arriveraient avec un fret total de 120 francs, la mise en sac n'étant plus nécessaire, et le transport de ceux de l'usine de Diegopata reviendrait à 148 fr. 75 c. ou 150 francs, pour tenir compte de la perte d'intérêt résultant du séjour en magasin, pendant quatre mois, des deux tiers des produits de la mine, séjour occasionné par la baisse des eaux du César.

Le fret moyen sera donc de 135 francs.

Pour assurer le transport des 1,533 tonnes de cuivre noir produites, il faut tant pour le transport par terre que pour le transport par eau un matériel coûtant 100,000 francs.

Fonds de roulement.

Le fonds de roulement par suite de l'éloignement des mines et des lenteurs dans les communications, doit être suffisant pour faire face à toutes les éventualités pendant environ un an.

Les frais sont :

Pour la mine : 12,000 tonnes à 25 francs. . Fr.	300.000
Pour les usines : 12,000 tonnes à 45 francs. . .	540.000
Transport : 1,533 tonnes à 135 francs	206.955
Fr. . . .	1.046.955

Soit un million.

Capital.

En résumé, le capital nécessaire pour mettre les mines en mesure de fournir par an 12,000 tonnes de minerai à convertir en 1,533 tonnes de cuivre noir à 90 0/0 destiné à la vente, se compose de :

Remboursement des frais d'étude. . . Fr.	100.000
— des frais de recherche. . .	300.000
Frais de premier établissement de la mine.	500.000
— des deux usines	300.000
— du matériel de transport	100.000
Occupations et achats de terrains.	Mémoire.
Fonds de roulement.	1.000.000
Total . . . . Fr.	2.300.000

Bénéfices.

Le bénéfice ressort de la comparaison des dépenses et des recettes.

Les dépenses annuelles comprennent :

Extraction de 12,000 tonnes minerai à 25 francs. Fr.		300.000 »
Traitement — — 45 francs . .		540.000 »
Frais de transport en Europe de 1,533 t. à 135 francs.		206.955 »
Amortissement du capital engagé au taux de 10 0/0 et en 10 ans :		
1° Dans les recherches. . . . . . Fr.	65.156 »	
2° Dans la mine.	81.447 »	
3° Dans les usines	48.868 »	195.471 »
Frais généraux de Société :		
1° En Colombie un Directeur.	40.000 »	
2° — deux Ingénieurs à 15,000.	30.000 »	
3° — Comptable et agents. . .	30.000 »	
4° — Frais divers.	20.000 »	120.000 »
5° A Paris, Administration, Escomptes, agios, frais de bureau, voyages, etc.		37.574 »
Dépenses. . . . . Fr.		1.400.000 »

Recettes annuelles :

Vente de 1,533 t. de cuivre noir à 90 0/0 à raison de 135 fr. 0/0 kil. . . . . Fr. 2.069.550 »

Bénéfice annuel à répartir . . . . Fr. 669.550 »

Avant de terminer, disons que pour un accroissement de 1 0/0 dans la teneur du minerai correspondant à une augmentation d'environ 120 tonnes de cuivre noir, la recette s'accroît de. . . . . Fr. 162.000 »

Les dépenses n'augmentent que des frais de transport de ces 120 tonnes qui à 135 francs par tonne s'élèvent à. . . . . 16.200 »

Le bénéfice, par unité de teneur en plus, s'accroît de la différence soit de . . . . Fr. 145.800 »

Dans le prix de vente du cuivre noir, il n'a pas été tenu compte de la valeur de l'argent. Ce métal n'est payé qu'à partir de la teneur de 1 kilo à la tonne et la proportion correspondant aux richesses admises comme base des calculs précédents est de 1 k. 193 gr. à la tonne.

Conclusions.

La mise en exploitation des mines de Camperucho et Diegopata exigera un capital de premier établissement de 1,300,000 francs, et un fonds de roulement de 1,000,000 de francs, soit 2,300,000 francs de capital argent.

Le bénéfice annuel pour une extraction de 12,000 tonnes de minerai analogue aux qualités moyennes reconnues pendant l'exploration faite en Mars, Avril et Mai 1883 sera de 669,550 francs après prélèvement de l'annuité nécessaire pour l'amortissement en 10 ans et au taux de 10 0/0 du capital de premier établissement.

Paris, 31 juillet 1883.

H. FLORY
Ingénieur Civil des Mines.

DEUXIÈME PARTIE

RAPPORT ADMINISTRATIF

M. Flory, ingénieur, a présenté son rapport sur l'importance des mines de cuivre de Camperucho, leur avenir probable, et la méthode que l'on doit adopter pour mener à bien leur exploitation. Nous ne nous occuperons donc pas de ces points, dans le présent rapport, dans lequel nous serons le plus précis possible, et, laissant de côté les détails inutiles, nous traiterons seulement les points suivants :

I. — Des chemins conduisant actuellement de la côte Atlantique et des rivières Magdalena et César à Camperucho.

II. — Des voies à adopter pour le transport du matériel d'exploitation aux mines, et du produit de celles-ci en Europe, d'accord avec l'importance de l'affaire.

III. — Du coût actuel du transport en Europe d'une tonne de minerai, du même coût moyennant une amélioration des voies actuelles de transport, et, enfin, du coût par chemin de fer, lorsqu'il sera possible de se servir d'une voie ferrée pour ce service.

IV. — Des ressources actuelles du pays concernant les ouvriers, les approvisionnements et autres éléments de travail.

V. — De la législation des mines dans l'Etat de Magdalena ; et

VI. — De divers sujets intéressant la Société.

CHAPITRE 1er

La position des mines de cuivre argentifère de Camperucho, la topographie et l'aspect général du pays, ainsi que les conditions de salubrité, se trouvant suffisamment décrits dans le rapport de M. l'ingénieur Flory, nous croyons inutile d'en faire ici une nouvelle description. Nous devons ajouter cependant que la région est beaucoup plus saine, que nous ne l'avions pensé.

Les chemins suivants conduisent aux mines de Camperucho :

Celui de Santa Marta à Valle Dupar, celui du port de Rio-Hacha à la même ville, celui de Plato communiquant avec d'autres points du bas Magdalena à Valle Dupar ; et, enfin, celui du Banco, communiquant aussi avec d'autres points de la rivière César, à la ville de Valle Dupar déjà citée.

A notre arrivée à Barranquilla, nos amis du pays étaient en désaccord sur le chemin que nous devions prendre pour aller aux mines : les uns trouvaient préférable le chemin de Plato, parce que le trajet par terre est plus court, tandis que d'autres trouvaient que la voie de la Ciénaga de Santa Marta était meilleure, ce point offrant plus de ressources pour préparer l'expédition et parce que le chemin de terre est plus fréquenté. La vérité est, que les deux chemins sont mauvais, et, bien que nous ayons suivi celui de la Ciénaga parce qu'il était intéressant de le connaître, le matériel ainsi que les travailleurs, auraient dû être conduits à destination soit par le Banco, soit par Rio-

Hacha. Si nous eussions agi ainsi, nous aurions économisé quelque argent et évité beaucoup de difficultés.

Quoique de la Ciénaga à Camperucho le terrain soit presque complètement plat, depuis Rio Frio jusqu'à Alto de las Minas, le chemin traverse une forêt séculaire, et comme il est peu fréquenté, la vigoureuse végétation tropicale l'a fermé à un tel point, que l'ancien chemin est aujourd'hui un sentier tortueux peu accessible même pour une seule personne de front, qui doit encore être constamment occupée à écarter les branches d'arbres qui barrent le passage. En général, tout le terrain que traverse le chemin est fertile, mais la zone comprise entre la Ciénaga et la Fundacion, ou pour mieux dire, entre la rivière Toribio sur le chemin de la Ciénaga à Santa Marta, et la rivière Fundacion, est composée des pièces de terre les plus riches et les plus fertiles que la nature ait produites. Les diverses productions de cette zone qui s'étend jusqu'au versant méridional de la Sierra Nevada, et qui offre aux colons une série de climats salubres et variés, suffiraient à approvisionner une nation entière.

Nous avons employé cinq jours pour aller de la Ciénaga à Camperucho mais avec trente-cinq heures de marche seulement, ce qui équivaut, d'après les calculs que nous avons faits, à une distance de 175 kilomètres. En déduisant les distances négatives provenant des innombrables sinuosités du sentier, nous calculons que la distance positive de la Ciénaga à Camperucho est d'environ 160 kilomètres, et par conséquent celle de Santa Marta à Camperucho, de 190 kilomètres.

Le terrain ne présente aucune difficulté pour la construction d'un chemin de fer à voie étroite, car les rivières qui le traversent, les Rios Frio, Arihueca, Sevilla, Tucurinca, Cataca, Fundacion, Ariguani et Garupal, n'exigent pas de ponts coûteux; le contrefort de la montagne qui en altère l'horizontalité et le traverse entre les rivières Fundacion et Ariguani est très peu élevé, et l'on pourrait l'éviter, sans augmentation de frais, en faisant dévier la ligne de quelques kilomètres au sud-est. Il en est de même du passage de la montagne appelé Alto de las Minas, seulement la déviation dans cet endroit exigerait un développement de la ligne dont nous ne pouvons calculer l'extension parce que nous n'avons vu que de très loin cette partie du terrain, de manière qu'il ne nous a pas été facile de calculer les distances, même approximativement.

Nous n'avons pas parcouru le chemin de Plato à Camperucho parce que nous ne l'avons pas cru nécessaire, mais des divers renseignements que nous avons pris, il résulte que ce chemin qui rejoint celui de Santa Marta à une lieue avant d'arriver à Alto de las Minas, traverse la même forêt que celui-ci, et est à peu près de même; sa longueur est de 120 kilomètres et il n'est traversé que par les rivières Ariguani et Garupal, tributaires du César.

Le chemin de Santa-Marta ainsi que celui de Plato sont impraticables pour le transport des matériaux, minerai, etc.; de manière que pour le moment l'on ne pourra s'en servir que pour le transport de la correspondance.

Le chemin de Banco à Camperucho, d'une longueur de 140 kilomètres, est, on peut le dire, absolument en plaine, de manière que pendant la saison de sécheresse où la navigation par la rivière Cesar est suspendue, on pourrait l'utiliser pour le transport des marchandises à dos de mules; mais, dans la saison des pluies, on ne peut s'en servir parce qu'il est inondé aux environs de la rivière Cesar. Ainsi que le chemin de Plato il est traversé par les rivières Ariguani et Garupal.

Enfin, le chemin de Rio Hacha à Camperucho réunit beaucoup de centres de population importants entre lesquels se fait un trafic actif; il est praticable en toute saison quoique avec quelques difficultés pendant la forte saison des pluies. Dans les parties en forêt, il est bien ouvert; ailleurs il passe au milieu de vastes prairies et traverse les rivières César, Calancala et d'autres de moindre importance, ainsi que la Sierra Negra qui fait partie de la Sierra Nevada et qui est le principal obstacle pour la commodité du trafic, sa longueur est d'environ 240 kilomètres. Ce chemin, comme celui de Banco, pourrait être utilisé pour le transport des marchandises, en cas de besoin.

En résumé, nous dirons : que les chemins de Santa Marta et de Plato ne servent actuellement que pour le transport de la correspondance ou pour les voyages urgents ; que le chemin de Banco peut être utilisé en cas de nécessité pour le transport des marchandises pendant la saison de sécheresse ; et, enfin, qu'en cas de nécessité également, le chemin de Rio Hacha pourrait servir en tout temps.

CHAPITRE II

Cependant, aucun des chemins que nous venons de décrire ne pourrait servir pour le transport économique du matériel d'exploitation et des produits des mines. Pour cela il est nécessaire, où de se servir de la rivière César dans un parcours aussi long que possible, ou de construire un chemin de fer jusqu'à la Magdalena ou jusqu'à la côte Atlantique.

Le petit trafic actuel se fait péniblement à dos de mulet par Rio Hacha et avec beaucoup de difficultés, ou bien en conduisant les marchandises à dos de mulet jusqu'à un point de la rivière César, et de là, par cette rivière lorsqu'elle est navigable, par petites embarcations, jusqu'à Banco. Naturellement ces moyens de transport sont coûteux et insuffisants pour l'affaire qui nous occupe.

Quoique de Camperucho à l'endroit le plus proche de la rivière César il y ait 20 kilomètres environ, comme en cet endroit la rivière présente quelques difficultés à la navigation pour les embarcations de 50 tonneaux, nous croyons préférable de se servir, pour les mines de Camperucho, d'un chemin plus long qui aboutit plus bas sur la rivière, en un point au-dessous duquel la navigation sera plus facile à l'époque où elle est possible. Une étude sérieuse sur ce point a appelé notre attention sur le chemin qui existe depuis Camperucho jusqu'à l'endroit appelé Marquezano, sur la rivière Ariguani, à 15 kilomètres de son confluent avec la rivière César, sur des terrains appartenant à M. Oscar A. Trespalacios. Ce chemin fait partie de celui de Banco à Camperucho, sa longueur est d'environ 50 kilomètres et comme en général il est plat, pour le rendre carrossable il suffit de faire quelques travaux de peu d'importance aux abords des ruisseaux. On le rendrait cependant plus commode et plus utile, en construisant des ponts sur ces ruisseaux et sur la rivière Garupal ce qui est d'autant plus facile et d'autant moins coûteux que les bois nécessaires se trouvent sur place. Nous calculons que la somme de 40,000 francs serait largement suffisante pour exécuter ces travaux et construire ces ponts, mais ce chemin tracé sur le sol naturel, serait impraticable pour des voitures pendant les deux ou trois mois que durent les fortes pluies.

Ainsi, moyennant une dépense insignifiante, on pourrait transporter économiquement par voitures les produits des mines de Camperucho à Marquezano.

Comme on le comprendra facilement, la navigation sur la rivière César fut de notre part l'objet d'une étude toute spéciale, cette rivière étant la voie naturelle, la seule économique et l'unique que l'on pourra utiliser pour l'exploitation des mines de cuivre et le transport des nombreuses productions naturelles qui abondent dans la riche région de Valle-Dupar, en attendant que la construction d'un chemin de fer la mette en communication rapide et peu coûteuse avec le port de Santa-Marta.

Nous commencerons par dire que pendant les mois de décembre à avril inclus, la rivière César n'est pas navigable ni ne pourrait l'être parce qu'elle manque totalement d'eau pendant ce temps, mais que, durant le reste de l'année, ses eaux sont abondantes, et son lit suffisamment large pour permettre à de petits vapeurs de 50 tonneaux de naviguer depuis le Banco jusqu'à la rivière Ariguani, et même jusqu'à Ramirez qui se trouve à 30 kilomètres de Camperucho. Cependant cela serait impossible dans son état actuel, parce que son lit est obstrué par de nombreuses pièces de bois, et la plus grande partie de ses rives, par des arbres qui inclinent leurs branches sur la rivière et qui successivement et sans interruption tombent à l'eau. Pour la rendre facilement navigable depuis Marquezano ou Ramirez jusqu'à Banco, pendant les mois de mai à novembre, pour des vapeurs de 50 tonneaux, il faut d'abord défricher sur les deux rives une zone d'environ dix mètres de large, pour empêcher la chute dans la rivière de nouveaux arbres; et ensuite, procéder à la destruction des bois obstruant actuellement son lit, opération qui peut être exécutée facilement et économiquement en brûlant tous ces bois pendant les mois de grande sécheresse, quand ils sont à découvert.

Nous calculons qu'avec la somme de quarante mille francs dépensée entre Banco et Marquezano, et celle de vingt mille francs entre Ariguani et Ramirez l'on pourrait effectuer ces travaux, et transporter commodément de Marquezano ou Ramirez à Banco, par vapeur, les objets qui aujourd'hui sont transportés difficilement par de petites embarcations.

Nous ne connaissons pas la rivière César depuis Salguero jusqu'à l'embouchure de l'Ariguani, mais d'après des renseignements sûrs, outre les obstacles mentionnés, comme elle se bifurque à un kilomètre en aval du port de Palotal pour ne réunir ses eaux à celles de la rivière Guaimaral qu'un peu en amont de Ramirez, le lit y est plus étroit, les eaux y sont moins abondantes, et les angles des tournants plus aigus que dans la partie comprise entre l'embouchure de l'Ariguani et Banco. Pour la rendre navigable pour des vapeurs de trente tonneaux il faudrait faire non seulement les travaux dont nous avons parlé pour le trajet entre Ramirez et Banco, mais aussi un barrage au point de bifurcation, afin de faire passer les eaux par le Caño de Corredor qui est le bras le plus court et le plus large. Nous pensons qu'on ne dépenserait pas moins de soixante mille francs pour exécuter les travaux nécessaires entre Ramirez et Salguero; mais il est très probable, presque sûr, que pour l'exploitation des mines on n'aurait pas besoin d'entreprendre des travaux de canalisation, car, comme on le verra d'autre part, une Société va s'en charger en vertu d'un privilège exclusif qui lui sera concédé par l'État de Magdalena, ce privilège stipulant toutefois des conditions sérieuses pour le transport économique des produits des mines de cuivre et du matériel d'exploitation.

Cette voie est la seule dont la Société d'exploitation des mines pourra se servir tant que l'affaire sera dans la période d'étude et jusqu'à ce que l'exploitation ait acquis une certaine importance; mais, comme il est probable qu'elle sera appelée à un grand développement, nous jugeons que, dans ce cas, il sera indispensable de se servir d'un chemin de fer, d'abord, parce qu'au moyen d'un railway les transports seraient plus réguliers et se feraient plus rapidement, et ensuite parce qu'étant donnée une quantité considérable de produits l'économie serait manifeste.

Dès lors la construction d'un chemin de fer étant reconnue nécessaire, nous croyons que la voie la plus avantageuse sera celle des mines à Santa Marta, quoique le trajet soit plus long et la dépense plus forte, parce que tous les transports se feraient avec plus de rapidité et d'économie, et, en outre, parce qu'on se servirait du port de Santa Marta qui est le plus commode de la Colombie. La construction d'un chemin de fer à un port de la rivière Magdalena ou à la Ciénaga-Grande aurait pour inconvénient de nécessiter l'emploi de vapeurs intermédiaires, ce qui augmenterait les frais de transport et rendrait celui-ci moins facile.

CHAPITRE III

Le transport de chaque tonne de minerai apporté par nous de Camperucho en Europe, a coûté :

De Camperucho à Marquezano à dos de mulet. . $	24 »	
Frais à Marquezano	2 »	
De Marquezano à Barranquilla	12.80	
Frais à Barranquilla	6.40	$ 45.20

Qui au change de $ 1.23 pour 5 francs font . Fr.	183.75
Fret maritime.	37.75
Fr.	221.50

Mais le transport de Camperucho à Marquezano qui a coûté $ *24* pourrait être obtenu à $ *19.20* par contrat, et celui de Barranquilla en Europe à fr. *31.25*, ce qui réduirait le prix de transport actuel à fr. *106.20*. Mais avec la dépense insignifiante dont nous avons parlé pour rendre le chemin de Camperucho à Marquezano carrossable et avec la canalisation du César, en transportant le minerai de Camperucho à Marquezano dans des chars à bœufs, et de Marquezano à Santa Marta dans des bateaux à vapeur de 50 tonneaux, le transport d'une tonne de minerai coûterait, pour les mines de Camperucho :

De Camperucho à Marquezano, frais de réparation et rénovation du matériel compris . . . . $ 10 »
De Marquezano à Santa Marta . . . . 10 »
Frais à Santa Marta . . . . 3 » $ 23 »

Qui au change de $ 1.23 pour 5 francs font Fr. 93.50
Fret maritime 31.50

Total . . . . Fr. 125 »

Pour les mines de Diegopata on transporterait le minerai par terre jusqu'à Ana Perez et de là par vapeur jusqu'à Santa Marta avec transbordement à San Pablo, près de l'embouchure de l'Ariguani. Dans ces conditions, le coût du transport d'une tonne serait :

De Diegopata à Ana Perez . . . . $ 5 »
De Ana Perez à San Pablo . . . . 5 »
De San Pablo à Santa Marta . . . . 10 »
Frais à Santa Marta . . . . 3 » $ 23 »

Soit au taux de $ 1.23 pour 5 francs 93.50
Fret maritime 31.50

Soit comme pour Camperucho . . . . Fr. 125 »

Pour une grande exploitation qui entraînerait l'usage d'un chemin de fer, les frais de Santa Marta seraient réduits des deux tiers, l'on pourrait faire des contrats avantageux pour le transport maritime, et alors le coût d'une tonne des mines en Europe ne dépasserait pas 60 francs.

Les chiffres que nous citons varient suivant le change, mais nous croyons que pendant longtemps le change ne variera pas parce que la monnaie qui a cours dans le pays est en argent de 0,835, laquelle sera forcément obligée de subir un fort escompte par rapport à l'or français.

CHAPITRE IV

Bien que la région où sont situées les mines soit assez peu peuplée, car Valle-Dupar qui est l'endroit le plus rapproché et dont la population est importante se trouve encore à une distance de 60 kilomètres, il n'y aurait aucune difficulté à se procurer les ouvriers nécessaires dans les hameaux disséminés entre Valle-Dupar et Rio-Hacha, ou dans les villes et villages du littoral. Mais ces ouvriers, hommes sains et robustes ne connaissent point le travail minier et ne sont point habitués à la discipline, obligatoire dans les chantiers où sont occupés ensemble un grand nombre de travailleurs. Nous croyons cependant, qu'en contact avec des ouvriers habiles et soumis à un règlement sévère, sous la surveillance de contremaîtres énergiques, ils apprendraient promptement le métier; par conséquent, pour entreprendre l'exploitation de ces mines, il faut emmener d'Europe quelques bons ouvriers mineurs, en prendre quelques uns dans l'intérieur du pays, et enfin, compléter le nombre nécessaire de travailleurs par les hommes les plus robustes que l'on pourra trouver dans les hameaux les plus rapprochés des mines. L'on peut se procurer des ouvriers mineurs dans l'intérieur du pays, au prix de quatre francs par jour, se nourrissant eux-mêmes, et les autres travailleurs au prix de trois francs nourriture comprise.

Pendant notre séjour aux mines, les approvisionnements ont été un peu rares à l'exception des viandes de bœuf et de mouton, que l'on a en abondance en tout temps à Camperucho ou dans les alentours, car la seule industrie de cette partie du pays est l'élevage du bétail. Cette pénurie a été causée par les sauterelles qui depuis trois ans n'ont cessé de ravager toutes les moissons. Mais comme ces insectes ont déjà disparu, nous pouvons assurer qu'à partir de la fin de la présente année il y aura des approvisionnements en quantité suffisante et à bas prix, et qu'il sera très facile d'en augmenter successivement la production, en proportion du développement que prendra l'exploitation et du personnel qui y sera employé.

L'expérience que nous avons acquise pendant la période de notre dernière exploration nous a démontré que le système de donner aux ouvriers la nourriture préparée à l'avance ne saurait convenir, il sera donc nécessaire de leur donner la ration en argent, et de passer des contrats avec des fournisseurs, pour qu'ils leur vendent les aliments dont ils auront besoin, à des prix modiques stipulés à l'avance.

Il est impossible de trouver dans les environs des mines, soit des ouvriers spéciaux, soit des outils pour aucune sorte d'état, par conséquent, les outils et autres objets dont on aura besoin tant pour le travail des mines, que pour la construction de maisons, fours, etc. devront être achetés, soit en Europe soit dans l'intérieur du pays ou à Barranquilla. Le salaire des ouvriers spéciaux du pays varie entre huit et quinze francs par jour nourriture comprise, mais leur travail n'est pas aussi bon que celui des ouvriers spéciaux européens.

CHAPITRE V

Dans l'État de Magdalena tout habitant a le droit de dénoncer les mines et elles lui sont adjugées lorsqu'il n'y a pas d'opposition légale d'un tiers. L'Adjudicataire a droit à la concession de trois *pertenencias* continues sur le filon principal, chaque pertenencia mesurant 600 mètres de long, sur 240 mètres de large. Un adjudicataire n'a pas droit à la continuation du filon, mais il peut solliciter la concession d'une quatrième pertenencia de dimensions égales aux précédentes ; de manière que, quatre pertenencias de 600 mètres sur 240 de superficie chacune, sont la plus grande concession que peut obtenir directement l'adjudicataire ou dénonciateur d'une mine. A côté, ou en continuation de sa concession, d'autres personnes peuvent demander une pertenencia et l'obtenir, mais il n'en est concédé qu'une à chaque pétitionnaire.

Le droit aux pertenencias se prescrit, et elles peuvent être adjugées à une autre personne, lorsque pendant trois années consécutives l'on n'y a pas travaillé au moins un mois avec un ouvrier mineur.

Le concessionnaire d'une mine a le droit de se servir du terrain nécessaire à son exploitation, ainsi que du bois et des autres matériaux qui s'y trouvent et dont il peut avoir besoin pour son travail, sans pour cela être obligé d'indemniser le propriétaire du terrain, mais dans le cas où le terrain employé pour le travail des mines serait cultivé, le propriétaire a droit à une indemnité pour le préjudice qui peut lui être causé par la destruction de sa culture.

Le gouvernement de Magdalena ne fait payer aucun droit pour l'exploitation des mines; au contraire, une loi de l'Etat exempte les Compagnies minières pendant dix ans (comptés du jour ou commence l'exploitation) non seulement de tout impôt sur ses produits, outils, véhicules, voies de communication, etc., mais aussi du service militaire que doivent tous ses employés.

Le Gouvernement national fait payer un droit de 20 francs par tonne de marchandises transportées par la rivière Magdalena; le produit de cet impôt s'applique aux dépenses effectuées pour le dragage et la canalisation de cette rivière. Comme ce droit grèverait fortement les produits des mines de cuivre de Camperucho pendant le temps que nous serons obligés de les transporter par la Magdenala, nous avons demandé au Gouvernement national, qu'en vertu des pouvoirs que la loi lui confère, il veuille exempter de ce droit les minerais de cuivre, et cela nous a été accordé par décret spécial, dont copie authentique nous a été communiquée.

Les machines et outils pour les mines paient un droit de douane de 0 fr. 25 c. par kilogramme. Comme lors de notre passage à Bogota l'on discutait au Congrès une loi réformatrice des tarifs douaniers, nous avons sollicité qu'il y fût ajouté une clause additionnelle exemptant de tous droits les machines et outils nécessaires aux travaux des mines. Nous avons causé à ce sujet avec plusieurs Sénateurs et Députés très influents, qui nous ont promis de faire le possible pour que cette clause soit adoptée.

CHAPITRE VI

Comme nous l'avons dit précédemment, les personnes dénonciatrices de mines ont droit à quatre pertenencias d'une extension de 600 mètres sur 240 mètres. A la mine « Alejandro » qui est actuellement la principale de Camperucho, notre Société ne possédait que deux pertenancias sur le filon principal et l'autre sur une de ses ramifications. Par l'intermédiaire de nos amis de Santa Marta, nous avons sollicité et obtenu treize nouvelles pertenencias de manière que la concession de la Société sur la mine « Alejandro » forme un rectangle de 3,000 mètres de long sur 720 mètres de large. Nous croyons que cette superficie de 216 hectares couvre le filon principal ainsi que ses principales ramifications; mais si cela était reconnu nécessaire, il serait facile d'obtenir d'autres pertenencias par l'intermédiaire de nos amis.

C'est nous qui avons dénoncé la mine « Elvira » et il nous a été concédé trois pertenencias sur le filon principal dont nous avons pris possession. Si en étudiant pratiquement cette mine, laquelle, nous l'espérons, sera aussi bonne que celle « Alejandro » l'on jugeait nécessaire de demander la concession de nouvelles pertenencias, l'on pourrait le faire par les moyens déjà employés.

Il en est de même de la mine » Mata de Pilon » où la Société possède une pertenancia.

En dehors des mines « Alejandro », « Elvira », « Mata de Pilon »,

« Casualidad » et « Revesado » lesquelles sont aujourd'hui propriété de la Société, M. Flory a examiné la mine du « Chantre » qui se trouve dans les environs de Valle-Dupar, et aussi celle de « Talanjera » à Diegopatá, et les ayant jugées très importantes, l'une par la richesse de son minerai et l'autre par la puissance du filon, nous avons décidé d'en demander la cession pour le compte de la Société, ce que nous avons obtenu sans aucune difficulté, d'après un câblegramme reçu dernièrement.

Comme le territoire compris entre Santa Marta et Rio Hacha abonde en minerais de toutes espèces, et qu'il n'a jamais été exploré, nous sommes convaincus que la première compagnie minière qui se formera, si elle procède avec activité et intelligence, trouvera et obtiendra la concession d'importantes mines d'or, d'argent et de cuivre. Pour ce motif, nous conseillons qu'au premier envoi d'ouvriers l'on adjoigne un ingénieur compétent à la tête d'une section exclusive d'exploration, qui, partant de Santa Marta, s'occupe activement d'examiner les mines dont on lui donnerait connaissance et fasse sur chacune un rapport complet.

Pendant l'exploration que nous venons de faire, nous avons eu quelque peine et perdu assez de temps à cause du manque de locaux pour nous loger et loger les travailleurs. Comprenant que l'importance des mines obligerait à poursuivre leur étude et leur exploitation, nous avons décidé que l'on profiterait du temps qui s'écoulera entre notre départ de Camperucho et l'arrivée aux mines de nouveaux ouvriers, pour faire construire une maison commode pour loger l'état-major chargé de faire exécuter les travaux, et conserver le matériel d'exploitation, des baraquements pour les ouvriers, et une poudrière. L'on doit aussi s'occuper de la formation d'une prairie artificielle pour avoir de quoi nourrir les animaux pendant la saison de sécheresse où les prairies naturelles se trouvent desséchées.

Nous avions pensé à demander au gouvernement de l'État de Magdalena un privilège pour le dragage et la canalisation de la rivière César; mais M. F.-A. Simons, sujet anglais, qui a exploré la Sierra Nevada et pense établir dans le pays plusieurs entreprises de transport, nous a manifesté le désir de solliciter ce privilège en nous disant qu'il était tout disposé à faire avec nous n'importe quelle transaction qui nous paraîtrait convenable, afin que les produits des mines fussent transportés économiquement par la rivière César. L'idée de ce monsieur nous paraissant avantageuse, il a été convenu qu'il demanderait le privilège en y ajoutant les clauses suivantes qui seront insérées dans la loi de l'État qui sera faite pour la concession.

« Dans le cas d'exploitation des mines de cuivre de Valle Dupar, » la Société d'exploitation paiera à M. Simons la somme de 5 piastres » (fr. 20.32 1/2) de fret pour chaque tonne de minerai, ou de » matériel transporté pour l'usage des mines. Si cela convenait à la » Société d'exploitation, elle pourra établir des vapeurs destinés » uniquement au transport de ses matériaux et minerais sans autre » obligation envers M. Simons que celle de lui rembourser, à titre » de rémunération, 20 0/0 du coût des améliorations opérées par lui » dans la rivière César jusqu'au port où remonteront les vapeurs pour » prendre le minerai ou décharger les matériaux, provisions et autres » objets nécessaires pour le travail des mines. »

Ainsi donc, en établissant les clauses susdites, la Société d'exploitation des mines aura le droit de profiter de la canalisation de la rivière César en remboursant 20 0/0 des dépenses entraînées par ladite canalisation, ou, si elle le juge plus avantageux, elle pourra faire transporter par la même rivière jusqu'à Banco le produit de ses mines pour la somme de 20 fr. 35 c. par tonne, sans entrer dans aucune dépense. Cela nous a paru de beaucoup plus avantageux que de demander ce privilège pour le compte de la Société des mines de cuivre de Santa Marta

L'on construit actuellement un chemin de fer de Santa Marta à la rivière Magdalena ; avant un an, la voie sera terminée jusqu'à la Ciénaga, soit une distance de 30 kilomètres. Les concessionnaires de cette ligne reçoivent du gouvernement national, à titre de subvention annuelle, pendant quinze ans, la somme de soixante mille piastres.

Lesdits concessionnaires seraient disposés à faire avec la Société des mines un contrat avantageux pour porter le chemin de fer jusqu'à Camperucho en trois ans, en cas que le développement de l'exploitation des mines l'exige. Ainsi, le cas échéant, la Société des mines pourra se servir d'un chemin de fer, sans être obligée de le construire pour son compte, et cela dans des conditions économiques qui ne laisseraient rien à désirer.

En terminant ce rapport, nous tenons à manifester toute notre gratitude à MM. Flory et Couffin, pour la manière dont ils ont rempli les obligations qu'ils avaient contractées avec la Société, en se prêtant complaisamment à tout, et souffrant avec patience les peines et privations auxquelles nous avons été soumis ; ainsi qu'à l'égard de MM. José Manuel Gonzalez, Juan Bautista Campo Serrano et Juan Vengoechea à Barranquilla, Manuel J. de Mier, Luis Noguera et José de Jesus Rocha à Santa Marta, le même Juan Bautista Campo Serrano et ses jeunes neveux à la Ciénaga, MM. Urbano et Francisco de Pumarejo à Camperucho, Pedro R. Monsalva à Valle Dupar, Oscar A. Trespalacios à las Cabezas (rivière Ariguani), Rafael Espinosa à Bogota et Victor Manuel Echeverria, en tous lieux, qui nous ont aidé avec succès dans les différentes démarches que nous avons dû faire dans les endroits désignés. Nous dirons aussi que MM. les Présidents de la République et de l'État de Magdalena ont souhaité à notre mission une complète réussite, ont accueilli avec empressement les pétitions que nous leur avons présentées et nous ont offert leur appui pour tout ce qui dépendrait de leur autorité.

Qu'ils acceptent donc le témoignage de notre cordiale et profonde reconnaissance.

Paris, le 4 août 1883.

O. VENGOECHEA.

TABLE

PREMIÈRE PARTIE

RAPPORT TECHNIQUE

DEUXIÈME PARTIE

RAPPORT ADMINISTRATIF

IMPRIMERIE CENTRALE DES CHEMINS DE FER. — IMPRIMERIE CHAIX. — RUE BERGÈRE, 20, PARIS. — 16660-3.

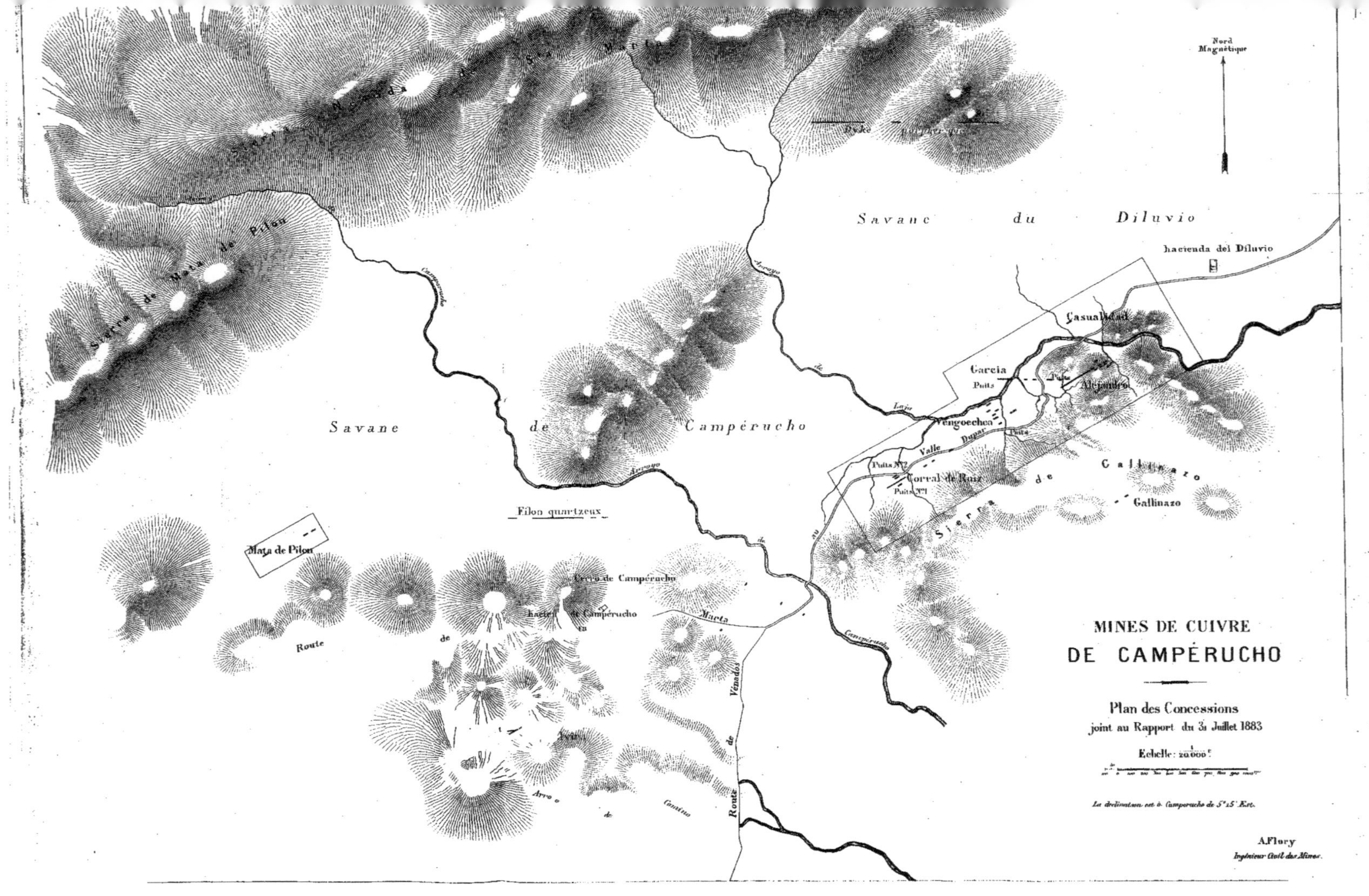
MINES DE CUIVRE
DE CAMPÉRUCHO
Plan des Concessions
joint au Rapport du 31 Juillet 1883
Echelle: 1/20.000e
A. Flory
Ingénieur Civil des Mines.
Nord Magnétique
Savane du Diluvio
hacienda del Diluvio
Savane de Campérucho
Sierra de Mata de Pilon
Mata de Pilon
Filon quartzeux
Cerro de Campérucho
hacienda de Campérucho
Route de Vénados
Casualidad
Garcia
Puits
Alejandro
Vengoechea
Valle Dupar
Puits No 2
Corral de Ruiz
Puits No 1
Sierra de Gallinazo
Gallinazo

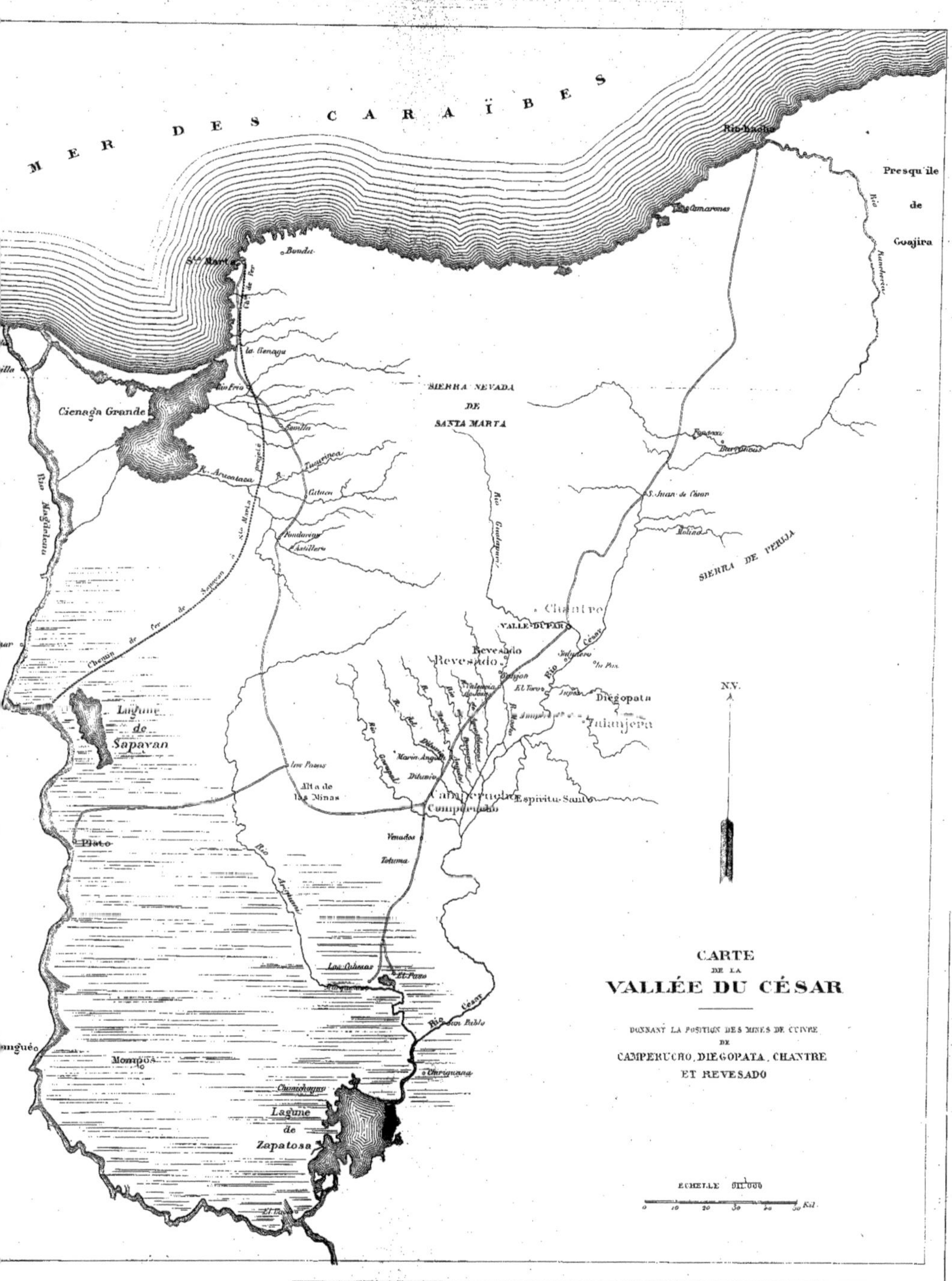
MER DES CARAÏBES
Rio-hacha
Presqu'île de Goajira
Camarones
Ste Marta
Bonda
la Cienaga
Cienaga Grande
Rio Magdalena
SIERRA NEVADA DE SANTA MARTA
S. Juan de Cesar
SIERRA DE PERIJA
Chantre
VALLE-DUPAR
Revesado
Diegopata
Espiritu-Santo
Alta de las Minas
Camperucho
Lagune de Sapayan
Plato
Venados
Totuma
Los Cabesas
El Paso
Rio Cesar
Chiriguana
Mompos
Lagune de Zapatosa
N.V.
CARTE DE LA VALLÉE DU CÉSAR
DONNANT LA POSITION DES MINES DE CUIVRE DE
CAMPERUCHO, DIEGOPATA, CHANTRE ET REVESADO
ECHELLE
0 10 20 30 40 50 Kil.
M. Chaix 20, Rue Bergère, Paris.

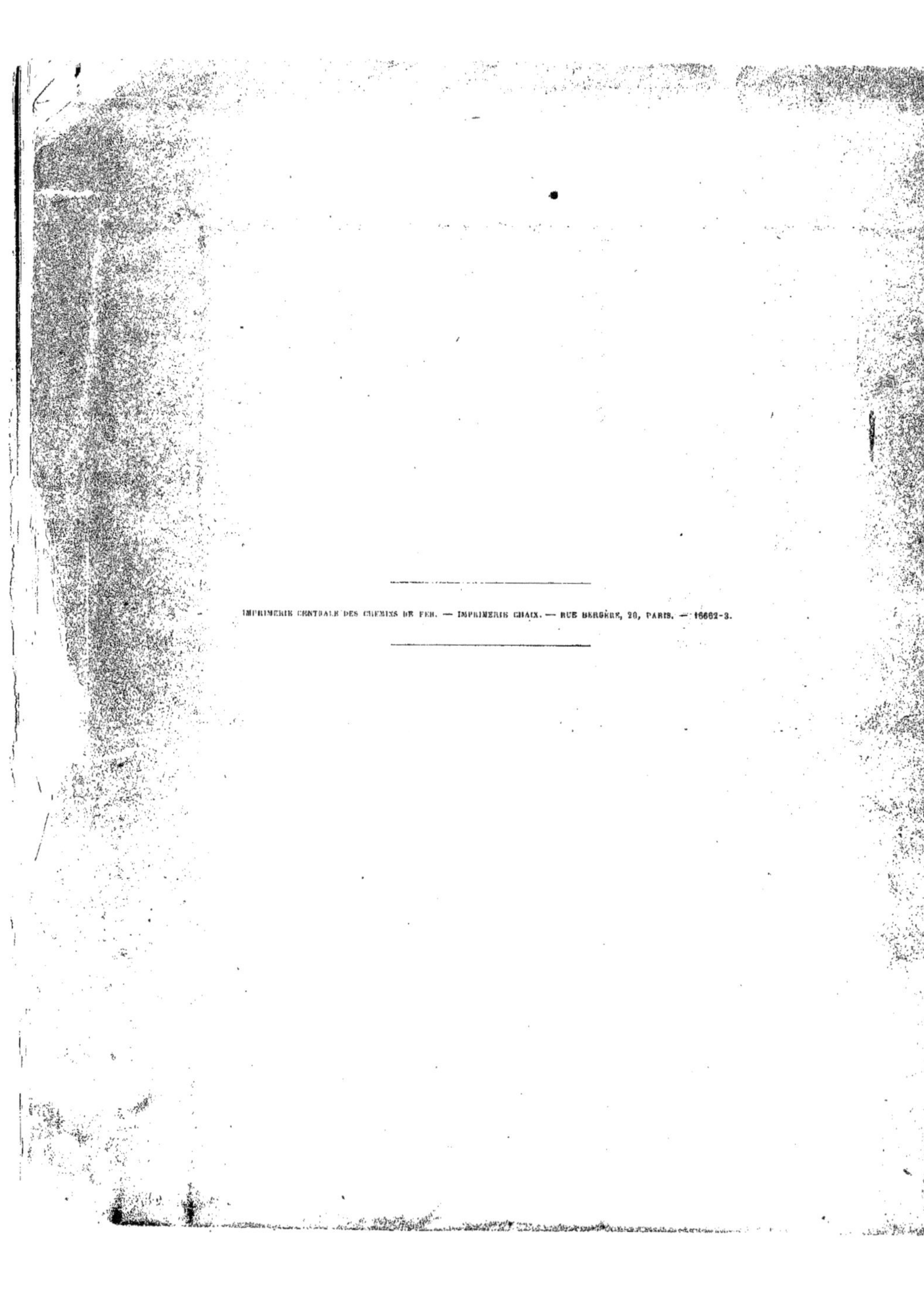

IMPRIMERIE CENTRALE DES CHEMINS DE FER. — IMPRIMERIE CHAIX. — RUE BERGÈRE, 20, PARIS. — 16662-3.

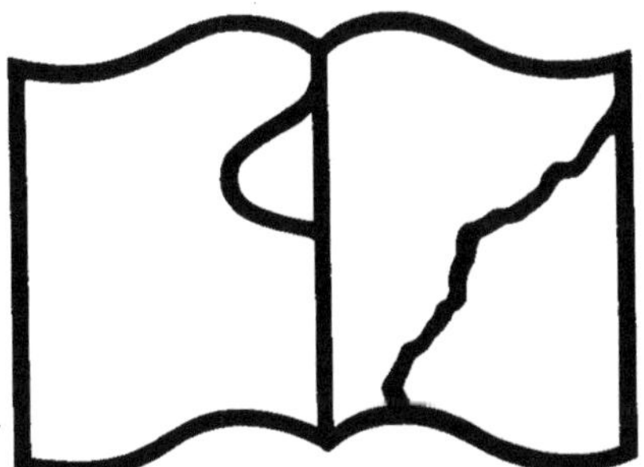

www.ingramcontent.com/pod-product-compliance
Ingram Content Group UK Ltd.
Pitfield, Milton Keynes, MK11 3LW, UK
UKHW022122190726
13855UKWH00003B/1004